U0961794

南

数字新动能

广东产业转型数字力量

南方日报社◎编

南方日报出版社
NANFANG DAILY PRESS
中国·广州

图书在版编目（CIP）数据

数字新动能 ：广东产业转型数字力量 / 南方日报社编. -- 广州 ：南方日报出版社，2020.12

ISBN 978-7-5491-2304-9

Ⅰ. ①数… Ⅱ. ①南… Ⅲ. ①信息化—影响—产业结构升级—研究—广东 Ⅳ. ①F269.276.5

中国版本图书馆 CIP 数据核字(2020)第 235298 号

SHUZI XIN DONGNENG

数字新动能：广东产业转型数字力量

编　　者：南方日报社
出版发行：南方日报出版社
地　　址：广州市广州大道中 289 号
出 版 人：周山丹
责任编辑：吴俊贤
装帧设计：肖晓文
责任技编：王　兰
责任校对：阮昌汉
经　　销：全国新华书店
印　　刷：广州市岭美文化科技有限公司
开　　本：787mm×1092mm　1/16
印　　张：12.75
字　　数：120 千字
版　　次：2020 年 12 月第 1 版
印　　次：2020 年 12 月第 1 次印刷
定　　价：48.00 元

投稿热线：（020）87360640　　读者热线：（020）87363865

发现印装质量问题，影响阅读，请与承印厂联系调换。

序

探寻广东产业转型升级的数字力量

2020年，突如其来的新冠肺炎疫情席卷全球。疫情防控、复工复产中，一股强大的数字化力量加速崛起，远程医疗、在线教育、共享平台、协同办公……新业态新模式快速发展，数字经济展现出强劲韧性和巨大潜力。

经济的数字化转型，是全球新一轮科技革命与产业变革的典型标志。作为能量巨大的“变局者”，数字经济带来的不只是可观的全新增量，还有庞大存量的转型。研究表明，数字化程度每提高10％，人均GDP增长0.5％至0.62％。在全球经济增长乏力的情况下，数字经济已成为撬动经济发展的新杠杆。

察势者智，驭势者赢。2020年4月，国家前瞻性提出要加快布局5G基站、工业互联网、人工智能、大数据中心等“新基建”，加速经济结构的调整和升级；《中共中央关于制定国民经济和社会发展第十四个五年规划和二〇三五年远景目标的建议》进一步明确提出要加快数字化发展，发展数字经济，推进数字产业化和产业数字化，推动数字经济和实体产业深度融合，打造具有国际竞争力的数字产业集群。

数字产业化，产业数字化。在新一轮数字化技术浪潮中，以“数字化、网络化、智能化”为特征的数字经济成为继农业经济、工业经济之后的又一经济形态。而数字化技术也催生了一大批以新技术、新产业、新业态、新模式为特点的“四新经济”，成为实体经济增长的新动能和新空间。

作为改革开放先行地和数字经济第一大省，在这一轮数字经济的发展大潮中，广东自然也担当着先行者的角色——基于5G和AI等新技术应用、场景创新层出不穷；基于线上、线下融合的零售、营销新模式大放光彩；基于工业互联网、云计算的新业态也厚积薄发……疫情使广东社会经济发展面临挑战，但新的机遇也在其中孕育，全社会数字化转型进程加速推进。这股乘风破浪的数字力量，正为广东产业转型升级注入新动能，《中国互联网发展报告2020》显示，广东在基础设施、数字经济、网络安全三大互联网指数上领跑全国。

为了探寻广东在数字经济转型发展过程中的澎湃动力，南方日报、南方产业智库展开“数字新动能”深调研活动，先后聚焦5G、人工智能、工业互联网、数据中心等细分领域，深入一线走访，足迹遍及广州、深圳、东莞、珠海、佛山等转型前沿阵地，与一线工作人员、企业家、专家学者展开对话，全面梳理广东在发展数字经济中的经验、挑战与对策，用事例阐述、数读图解、专家访谈等形式，展现广东产业转型升级的数字力量。

我们将来自数字经济一线的深调研报道结集成书，既是为广东经济面对复杂形势体现出韧性与活力鼓与呼，也希望通过对广东数字经济发展实践的梳理和思考，为中国经济的数字化转型提供经验与样本。我们有理由相信，在经历世纪疫情大考之后，数字经济新引擎将迸发更强动力，必将给广东产业转型升级注入数字力量，开启精彩的数字化未来！

是为序。

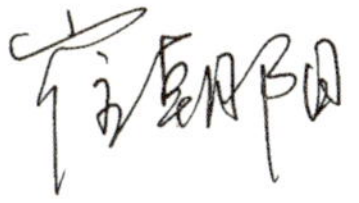

（作者系南方报业传媒集团党委书记、南方日报社社长）

目　录 CONTENTS

第一章 新风向

■ 核心提示

当前，以“数字化、网络化、智能化”为特征的数字经济成为继农业经济、工业经济之后的又一经济形态。而数字化技术也催生了一大批以新技术、新产业、新业态、新模式为特点的“四新经济”，成为实体经济增长的新动能和新空间。

广东不仅是经济大省，也是数字经济大省。据权威机构测算，2018年广东数字经济规模超过4.31万亿元，约占全国1/8，居全国第一位，占地区生产总值比重超过40%，并力争2022年数字经济增加值突破6万亿元，占地区生产总值超过50%。

所谓数字经济，是以数字化的知识和信息为关键生产要素，以数字技术创新为核心驱动力，以现代信息网络为重要载体，通过数字技术与实体经济深度融合，不断提高经济社会的数字化、网络化、智能化水平，加速重构经济发展与治理模式的新型经济形态。

近年来，数字经济进入迅猛发展期，数字经济已成为推动我国经济高质量发展的新动能，数字经济也是未来全球经济发展和合作的重要领域。

数字经济时代已来，我国数字经济规模居世界第二

作为基建强国，过去数十年，我国在建筑、交通、能源、水利、通信等传统基础设施建设领域的成就惊人，创下了众多的“世界之最”，并以此有力地拉动了社会经济发展。而近十年来，对于云计算、大数据、人工智能、区块链、5G等新一代数字技术的升级，我国也同样高度重视，在发布重磅政策的同时，不断加强技术研发和扩大投资，推动数字经济的基础设施做大做强，加速迈入数字经济时代。

2017年3月，政府工作报告中首次出现“数字经济”。2020年3月，中央提出加快5G网络、数据中心、人工智能、区块链等新型基础设施的建设（简称“新基建”）。随后，在2020年5月的政府工作报告中，“新基建”再次被提

及。在我国经济由高速增长转向高质量发展的新阶段，“新基建”是布局数字经济等战略性新兴产业和未来产业的抓手。

2020年11月出版的第21期《求是》杂志在文章《国家中长期经济社会发展战略若干重大问题》中指出，我们要乘势而上，加快数字经济、数字社会、数字政府建设，推动各领域数字化优化升级，积极参与数字货币、数字税等国际规则制定，塑造新的竞争优势。

目前来看，数字经济在中国的发展，大体上经历了三个阶段：

1993年至2010年为初创期，即1.0阶段，以互联网应用为主，主要形态为电子商务；

2010年至2016年为成长期，即2.0阶段，以移动互联网应用为主，同时以各类平台为载体，以数据为基本驱动力，主要表现为“互联网+”形式；

2016年起为成熟期，即3.0阶段，以云网端等新一代基础设施为基础，正逐

2020年广交会在线上举行，推动企业加速数字化转型

步走向万物互通、万物互联的发展阶段，同时开始全面进入以人工智能和智能制造为主流方向的数字化转型。

近年来，我国数字经济发展呈快速发展态势，2019年我国数字经济总量为35.8万亿元，显著高于GDP增速，我国数字经济规模位居世界第二。

腾讯董事会主席马化腾表示："传统金融、教育、医疗等产业与移动互联、云计算、大数据进行了深度融合后，爆发出了全新的生命力。目前，云计算和大数据已被广泛应用到视频、游戏、移动应用、O2O、电商等新兴领域，下沉为底层应用和技术支柱，可以推动互联网企业的快速成长，属于数字经济的增量市场部分。比如传统行业和互联网衔接之后，会产生大量转型升级的机会，发挥企业各项要素潜力，盘活各种资源。"

不过，就全国范围来讲，当前数字经济发展仍然存在数字产业化总体水平不高、规模偏小、比例偏低、传统产业数字化主体动力不足、产业间发展不平衡、赋能平台经济不足等方面的问题。

5G应用逐步渗透到日常生活生产中

腾讯清远大数据中心

规模领跑全国，数字经济将占广东GDP半壁江山

作为中国开放程度最高、经济活力最强的区域之一，广东具备发展数字经济得天独厚的资源和优势。

一方面，“广东制造”是中国制造业的领跑者，制造业资源丰富，与数字经济相关的制造业基础雄厚；与信息通信相关的人才丰富，特别是华为、中兴等企业聚集众多中高层次人才；数字经济的基础设施较好，通信类硬件在全国领先；科研力量强大，拥有一大批实力较强的研发机构，包括科研院所、企业研发部门、新型科研机构等；广东资金链充裕，金融资源丰富，特别是有很多支撑数字经济发展的投资基金。这些都为广东数字经济发展奠定了很好的基础。

另一方面，在软件开发领域，广东拥有数量庞大的ISV（独立软件开发商），以北京为中心的北方地区、以深圳和广州为中心的华南地区、以上海和南京为中心的华东地区占据了全国52%以上的市场份额。这意味着，广东已然具备推进云计算、人工智能、物联网等新兴技术与实体经济的深度融合，努力建设成为国家数字经济发展先导区的土壤。

数据显示，2017年以来，广东省数字经济总量连续多年位居全国第一，产业数字经济融合方面更是以40%的占比规模领跑全国。

临近2020年底，广东省更是密集推出数字经济发展政策，11月，省政府印发《广东省建设国家数字经济创新发展试验区工作方案》，该方案提出，通过3年左右的探索实践，国家数字经济创新发展试验区建设取得明显成效，把粤港澳大湾区打造成为全球数字经济发展高地。数字经济发展规模继续领先全国，到2022年，全省数字经济增加值力争突破6万亿元，占GDP比重超过50%。

同时，该方案还提出了广东建设国家数字经济创新发展试验区的3年“路线图”。到2022年，电子信息制造业营业收入要达到5万亿元，软件和信息服务业收入超过1.4万亿元，5G基站、窄带物联网基站规模保持全国第一，全省一体化、智能化、绿色化数据中心集群初步建成。

为完成上述目标，广东省制定了六大重点任务：

建设数字经济新型基础设施全国标杆。该任务包括加速形成高速、泛在、融合的基础网络设施，打造协同高效的计算存储设施集群，推动传统基础设施数字化、智能化升级等内容。到2022年，全省要累计建成5G基站达22万个，建成珠三角5G宽带城市群，实现粤东粤西粤北城市、县城及中心镇镇区5G网络覆盖。

率先形成数据要素高效配置机制。广东将围绕培育建立数据要素市场、推动公共数据资源开发利用、推进政府数据开放共享、打造数据要素流通顺畅的数字大湾区等方面发力，到2022年将建立5个主题库和7个专题库，汇聚数据超过200亿条。

打造数字经济创新高地。广东将构建高水平创新基础设施体系，加强重点领域核心技术攻关，加快建设人工智能、区块链等新一代通用信息技术生态体系，提升关键基础产业发展水平，促进平台经济规范健康发展，到2022年全省数字经济领域有效发明专利拥有量超16万件。

特色引领推动重点领域数字化转型。广东将强化智能制造高端供给，推动制造业数字化转型，推动5万家以上工业企业运用工业互联网实施软硬一体的数字化改造。

高质量推动“智慧广东”建设。“数字政府”、大湾区新型智慧城市群、智慧农业、智慧医疗、智慧教育等，都是广东重点发力方向。

打造数字经济开放合作先导示范区。推出系列举措，促进创新要素国际高效流动，进一步壮大数字贸易，将广东打造成数字丝绸之路的核心战略枢纽。

“新基建”基础雄厚，开启数字经济蓝图

基于良好的基础，广东在2020年的数字经济发展中动作更加迅猛——广州要打造粤港澳大湾区数字轨道枢纽城市，深圳2020年拟新建3万个5G基站，佛山推动更多企业“上云上平台”，东莞将建13个人工智能特色镇……2020年，广

工业互联网推动制造业降本增效

东各地纷纷加快了以5G网络、大数据中心、人工智能、工业互联网等为代表的“新基建”建设，为数字经济进一步发展提前注入强劲动力。

以5G为例，广东省工业和信息化厅的统计数据显示，2020年电信运营企业和中国铁塔在广东的5G建设投资超过280亿元。1—8月，全省新建5G基站61,625座，为省政府下达4.8万座建设目标的128.4%。全省5G套餐用户数达到2074万户，累计建成5G基站98,613座（约占全国15%），两项数据均居全国第一。

在人工智能领域，广东早在2017年人工智能核心产业规模就达到了约260亿元，约占全国1/3，带动机器人及智能装备等相关产业规模超2000亿元，民用无人机产量283.12万架，同比增长69%，产值占全国超七成的市场份额；智能手机产量8.28亿台，占全球产量约1/3。预计到2020年底，广东人工智能产业综合竞争力位居全国前列，人工智能核心产业规模突破500亿元，带动相关产业规模达到3000亿元。

在工业互联网方面，工信部发布的10家国家级跨行业、跨领域工业互联网平台，广东有3家入选，数量居全国第一；在全国率先出台《广东省深化“互联网+先进制造业”发展工业互联网的实施方案及若干扶持措施》，累计支持和带动超过6000家工业企业“上云上平台”，推动企业急需的网络资源和公有云资源在现有基础上全面降费30%以上。

毫无疑问，数字“新基建”战略的实施将为广东数字经济的发展带来全新的机遇，有先发优势的广东开局良好，接下来只要能在核心技术突破、产业链布局完善、应用场景创新等方面取得更多的实践成果，数字技术将成为广东经济高质量发展的有力助推器。

投资超万亿，以“新基建”抢占发展主动权

2020年11月，广东发布《广东省推进新型基础设施建设三年实施方案（2020—2022年）》（下称“《实施方案》”），提出到2022年，广东新型基础设施发展水平领先全国，初步形成以新发展理念为引领，以科技创新为驱动，以信息网络为基础，支撑数字转型、智能升级、融合创新的新型基础设施体系。

广东投万亿元用于新基建项目

《实施方案》按照“1+4+10”框架即“构建一体化网络、打造四大集群、推进十大工程”，分类提出三方面共19项重点任务，夯实广东经济社会高质量发展的基础。

“1”是指以构建泛在互联一体化网络为主体，加快推进信息基础设施建设。

具体来说，就是高质量建设5G网络，高水平建成全光网省，推动物联网深度覆盖，打造全国领先的工业互联网以及前瞻布局未来网络等5项工作目标。

到2022年，广东将累计建成5G基站22万座，建成5个以上国家级跨行业、跨领域工业互联网平台，20家以上行业/区域工业互联网平台，带动超过5万家工业企业“上云上平台”。

“4”是以打造四大创新能力支撑集群为重点，推进创新基础设施建设。

《实施方案》提出，打造世界一流的重大科技基础设施集群，构建布局科学合理高效的先进算力集群，建设高水平产业技术创新基础设施集群以及打造人工智能、区块链等新技术基础设施集群。

“10”是以推进十大智慧工程建设为抓手，推动融合基础设施建设。

《实施方案》提出，打造智慧能源工程、智慧交通工程、智慧城市工程、智慧物流工程、智慧医疗工程、智慧教育工程、智慧农业工程、智慧水利工程、智慧环保工程以及智慧应急工程等十大智慧工程，争取到2022年，初步形成适应智能经济和智能社会发展的基础设施体系。

为及早做好项目储备，广东省发展改革委已会同各地各部门对全省目前在建及正在谋划的新型基础设施项目进行了梳理，初步汇总了700多个项目，总投资超一万亿元。经测算，预计2020—2022年三年内至少完成投资约6600亿元。

（撰稿：郜小平）

第二章 新产业

第一节 5G建设夯实数字经济底座

■ 核心提示

数字“新基建”的关键，毫无疑问是5G。作为第五代移动通信技术，它将以全新的网络架构，提供至少十倍于4G的峰值速率、毫秒级的传输时延和千亿级的连接能力，开启万物广泛互联、人机深度交互的新时代。

4G改变生活，5G改变社会，作为通用信息技术，5G将全面构筑经济社会数字化转型的关键基础设施，从线上到线下，从消费到生产，从平台到生态，催动万物互联变革，推动广东数字经济发展迈上新台阶。

广东5G“新基建”不断提速换挡

2019年6月，我国工业和信息化部向中国电信、中国移动、中国联通和中国广电网络四家运营企业发放5G商用牌照，标志着中国5G商用正式启动。2019年10月31日，中国电信、中国移动、中国联通发布5G手机套餐；2020年3月，5G网络被确定为新型基础设施建设重点之一。

如果说2019年是5G商用元年，那么2020年则是5G应用落地之年。全国5G发展看广东，当前，广东正紧抓这一历史性新机遇，加大统筹推进力度，加快5G产业化进程，超前部署网络基础设施，营造产业生态环境，深化各领域融合应用，全面开创5G发展新局面，走在全球前列。具体来说，2020年广东5G“新基建”的发展呈现如下特点：

5G基站建设不断加快

工信部发布的数据显示，截至2020年9月底，全国开通5G基站69万个，提前完成2020年5G基站建设目标，北京、上海、广州、杭州等城市实现5G网络城区连片覆盖，基本实现了地市级5G网络覆盖，中国以5G为代表的新型信息基础设

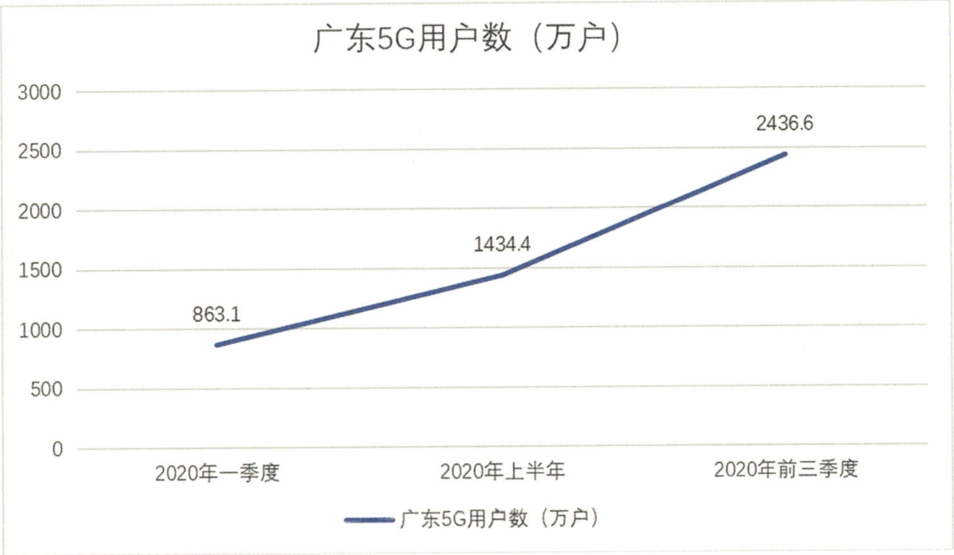

广东5G基站布局走在全国前列

施投资力度加大。

自2019年6月5G商用以来，广东5G基站建设走在全国前列，2020年前三季度，全省新建5G基站6.9万座，为省政府下达4.8万座建设目标的143.9%。更为详细的基站数量增长曲线记录着这样的大跨步发展。

2019年，广东建成5G基站累计逾3万座，2020年第一季度，广东建成5G基站累计42,698个，2020年上半年，广东建成5G基站累计78,389座，2020年前三季度，广东建成5G基站累计10.6万座，数量居全国第一，基本实现深圳5G网络全覆盖、广州主要城区连续覆盖、珠三角中心城区广覆盖。而截至2020年9月底，全国开通5G基站69万个，这意味着，广东建成5G基站数占全国15%。

网络架构升级全面展开

2020年8月17日上午，深圳在全国率先宣布完成5G独立组网全覆盖，成为我国5G独立组网第一城。2020年是深圳经济特区建立40周年，广东深圳再次显现了其带头示范性，广东在5G网络升级上又一次走在全国前列。

5G网络的建设及覆盖，有两种方式：5G非独立组网和5G独立组网。5G非独立组网，业内称5G NSA，指的是使用现有的4G基础设施，进行5G网络的部署。基于NSA架构的5G载波仅承载用户数据，其控制信令仍通过4G网络传输。5G独立组网，指的是新建5G网络，包括新基站、回程链路以及核心网。5G独立组网，业内称5G SA。SA在引入了全新网元与接口的同时，还将大规模采用网络虚拟化、软件定义网络等新技术，并与5GNR结合，同时其协议开发、网络规划部署及互通互操作所面临的技术挑战将超越3G和4G系统。

2019年，广东省的5G网络建设，采用的是5G非独立组网方式；2020年以来，5G网络建设升级全面展开，采用5G独立组网方式进行5G网络的建设和覆盖。

相比于5G非独立组网，5G独立组网可以真正体现5G低延时、广连接的特性，推动广东工业制造、新型消费等领域的发展，为5G赋能千行百业提供强有力的网络支撑。

5G用户数量大幅增加

中国信息通信研究院发布的国内手机市场运行分析报告显示，2020年1—9月，国内手机上市新机型累计359款，总体出货量累计达2.26亿部。

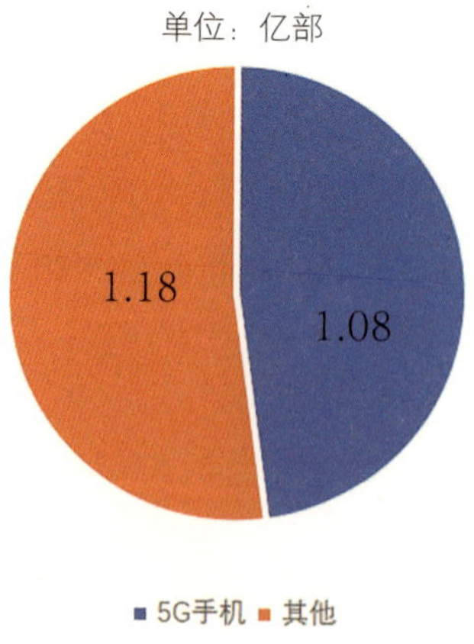

2020年前三季度国内手机出货量

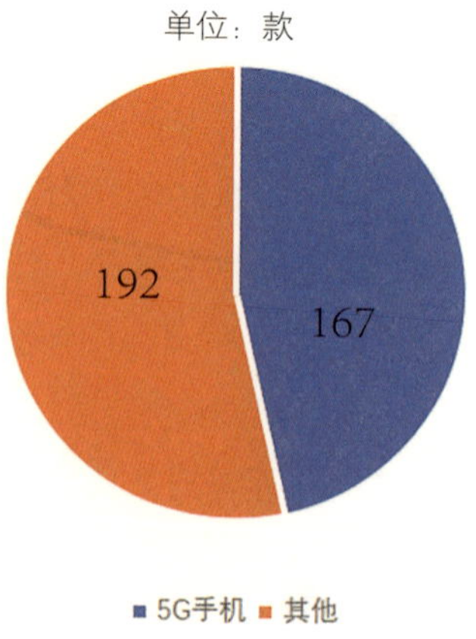

2020年前三季度手机上市新机型

从5G手机发展情况来看，1—9月5G手机累计出货量1.08亿部、上市新机型累计167款，占比分别为47.8%和46.5%。其中9月国内市场5G手机上市新机型26款，占同期手机上市新机型数量的44.8%，出货量1399.0万部，占同期手机出货量的60.0%，这一占比已连续4个月达到60%。

随着5G用户规模不断扩大，5G手机价格也在下降。2020年10月13日，Realme发布的5G新款手机Q2i价格仅998元，千元5G机的出现意味着5G手机已经进入普及阶段。

以5G手机为代表的5G终端的丰富，极大地推动了5G用户的迅速增加。据工信部数据，截至3月底，我国5G套餐用户5000多万，截至6月，5G用户数是6600万，年底预计将达到1亿。

据广东省工信厅数据，在广东，2020年第一季度，5G用户数累计863.1万户，2020年上半年，5G用户数累计1434.4万户，2020年前三季度，5G用户数累计2436.6万户。

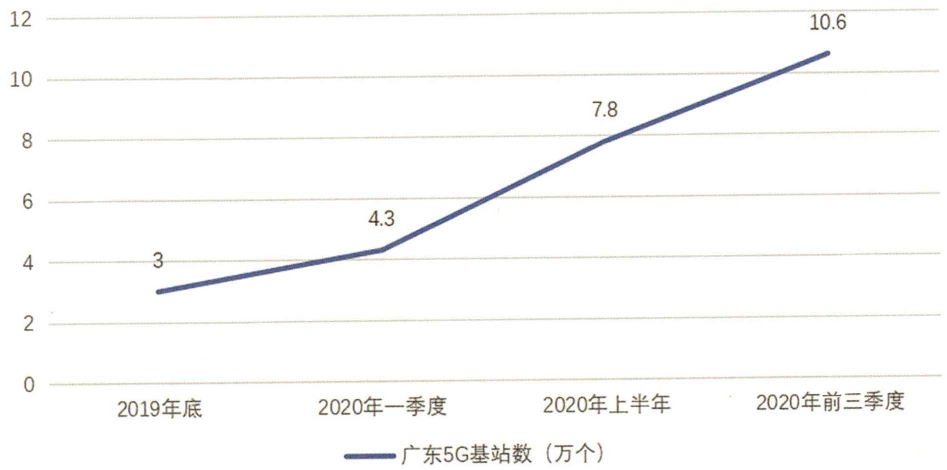

广东5G用户数突破2000万

“好用”的5G正支撑广东“智造”

随着5G网络建设的不断提速，新的技术正为广东的数字化建设提供更加有力的转型升级支撑。尤其是2020年中，5G的R16标准冻结的消息更是加速推动5G网络建设从非独立组网方式向独立组网方式演进，而这也为广东这个制造业大省的产业智能化带来了新的机遇。

更成熟
“好用”的5G支撑工业制造

“R16版本实现了5G从‘能用’到‘好用’的转变，增强了5G服务行业应用的能力，5G将更好地支持千行百业信息化转型、数字化转型。”5G R16标准冻结，引起了全球关注，广东移动副总经理蔡伟文说。

国际标准组织3GPP已于2018年冻结了5G第一版R15。作为R15标准的后续版本，R16原定于2019年底完成，但因R15 Late drop版本冻结时间推迟，R16的冻结时间也被延迟到2020年3月，后又因新冠肺炎疫情推迟到7月才正式冻结。R15是5G第一个版本，以eMBB（增强型移动宽带）为主，R16的明显特征是对uRLLC（海量机器类通信）、mMTC（海量机器类通信）能力进行补足。

蔡伟文介绍，R16中60%的能力设计都与行业应用有关，主要体现在工业控制、工业物联、车联网中。

再升级
在全省树立“5G+”制造标杆项目

正如蔡伟文所说，R16标准的冻结，给5G在工业制造上赋能，犹如插上“翅膀”。在广东惠州，TCL智能终端5G+工业互联网应用示范园区已率先探索。

2020年5月，《广东省“5G+工业互联网”应用示范园区试点方案（2020—2022年）》发布，加快构建支撑广东制造业高质量发展的新型基础设施，深化5G与制造业各垂直行业领域的融合创新发展。首批八个“5G+工业互联网”应用示范园区同时公布，TCL智能终端5G+工业互联网应用示范园区位列其中。

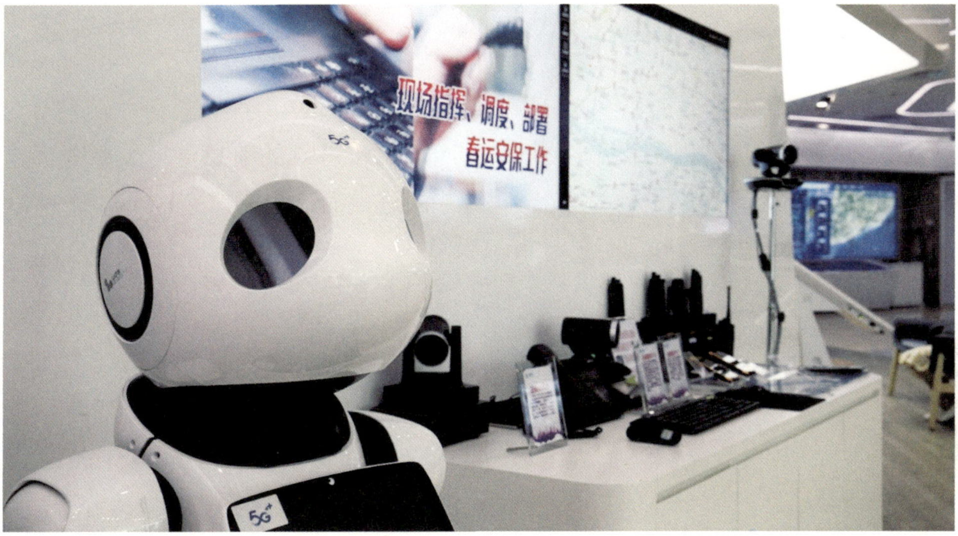

5G的一大应用场景是远程实时操控

“这是我们联合TCL、格创东智、灵动科技、华为共同打造的全省‘5G+’制造标杆项目。”蔡伟文介绍。据悉，像TCL这样的制造业巨头，在数字化转型中，仍会遇到企业数据安全，传统AGV（自动导引车）不灵活，原有Wi-Fi、4G达不到网络要求等问题。而“5G+”制造的到来，让试点项目的制造整体成本节省了20%。

“在这个项目中，我们的探索包括资源投入合作、定价机制摸索等。从已有经验来看，5G确实将为制造业提供高可靠、平台化的信息技术支撑，对广东制造业的转型升级有重大意义。”蔡伟文表示。

强支撑
5G网连续覆盖所有区县

目前，广东移动已投入大量网络资源重点覆盖全省150多个工业园区，为5G垂直行业应用孵化提供坚实的信息基础。

蔡伟文坦言，目前，在“5G+”制造上，广东移动联合行业巨头共同投资，在商业模式上仍处于探索阶段，服务定价模式仍然不明，但网络覆盖则要先行

5G时代，智慧家庭成为重要的入口

做好支撑。

“2020年底网络规模将达到2019年底的3倍以上，在做大网络规模的同时，网络全面升级，从NSA非独立组网向SA独立组网演进，为‘5G+’新业态提供支撑。”蔡伟文说。

据悉，广东移动2020年将实现全省所有区县以上城区5G连续覆盖，珠三角乡镇核心区域5G连续覆盖。

“探索实现‘低成本高效能’，推进广东更多企业拥抱‘5G+’制造。”蔡伟文展望。

5G网共建共享破解成本难题

广东积极响应国家“十四五”发展规划关于建设数字型社会的号召，加快5G网络等新型基础设施建设，持续开展5G技术创新，助力广东产业数字化转型和智能化发展。一方面加大力度推进5G网络建设，另一方面则要提升建设效率，避免重复投资与资源浪费，在这种情况下，共建共享成为必由之路。

专项政策明确共建共享要求

2020年8月，广东省工业和信息化厅联合广东省通信管理局印发《关于加快推动5G网络建设的若干政策措施》要求，加强通信设施共建共享。

广东大力推进基站、室内分布系统建设。坚持“规划引领、开放共享、服务社会”的原则，广东省通信管理局负责组织各基础电信企业、广东铁塔及相关企业，统筹铁塔等基站配套设施建设需求。新建或改、扩建宏站、微站、室内分布系统等需求，全部录入省电信基础设施共建共享管理系统。

与此同时，按照要求，广东加快推进智慧灯杆建设。各地政府公路、市政道路、桥梁建设单位新建、改扩建道路时，应依据5G基站专项规划和广东省《智慧灯杆技术规范》（DBJ/T 15-164—2019），同步建设、设计智慧灯杆，预留基站天线挂载空间、设备机房位置、电力电缆布线空间、光纤接入路由部署空间，所需费用纳入建设项目概算；各地发展改革、自然资源、住房城乡建设、交通运输主管部门按各自职责在项目投资概算审查、设计方案审查、施工图审查、验收等环节进行把关；各地级以上市人民政府逐步推进既有道路各类存量灯杆的多功能化改造。

广东电信、广东联通率先探索

2020年夏秋之交，广东电信、联通在全国范围内率先联合完成了全省全部21个地级以上市5G 200 MHz（兆赫）超大带宽共建共享组网验证。

据介绍，目前全球运营商通常最大采用100 MHz频率带宽进行5G网络部署，广东电信、联通发挥共建共享红利，将双方各自的100 MHz频率带宽进行整合，实现200 MHz频率带宽的5G网络，具有速率翻倍、容量翻倍两大优势。

本次广东电信、联通在21个地市核心城区均进行了5G 200 MHz超大带宽共建共享组网验证。根据实测结果，在200 M带宽网络下，用户峰值体验速率可达2.4 Gbps，网络容量也实现了倍增，可以容纳更多用户的5G高速率体验，之后，广东电信、联通将根据热点区域话务以及行业用户需求，按需拓展200 M大带宽5G网络覆盖。

值得注意的是，2020年，广东电信、联通联合华为、中兴率先在广东省21

个地级以上市完成了SA（独立组网）共建共享组网验证，助力广东成为全国第一个完成全省SA共建共享组网的省份。

移动、广电共建精品网络

“我们与其他省网共同发起组建国网股份公司。” 广东省广播电视网络股份有限公司（下称“广东广电网络”）相关人士表示。

国网股份公司，是指中国广电网络股份有限公司。就在此前，中国广电网络股份有限公司（以下简称“中国广电”）成为第四大电信运营商，这是推进全国有线电视网络整合和广电5G建设一体化发展迈出的重要一步。

中国广电注册资本1012亿元，发起人共46家。其中，中国广播电视网络有限公司为第一大股东，持股51%。2019年6月6日，中国广电的第一大股东中国广播电视网络有限公司获得了工信部发放的第四张5G牌照。

2020年5月，中国移动与中国广电宣布按1：1比例共同投资建设700 MHz黄金频段5G无线网络。相比于多个省份的广电网络公司，广东广电网络实力雄厚，其与广东移动的强强联手、共建共享，备受期待。“广东移动和广东广电很可能在5G专网上展开共同研究和建设。”业内人士指出。

中国移动与广东广电网络在5G专网共同开展建设

破解5G穿墙“老大难”，小基站掘金千亿市场

工厂内，AGV（自动导引运输车）灵活穿行，基于5G网络的调度系统，可实时反馈AGV小车的运行动态、货物装载情况等信息——工厂内的机器设备、原材料、产品之间可以通过5G构成一个更加智能、高效的网络，工作人员通过电脑屏幕可以实时查看每一台设备的生产作业情况。

这是京信通信位于黄埔“5G+工业互联网”工厂的一幕。5G网络下，不仅设备联网运行的有效性、稳定性、可靠性得到了很大提升，后续由于工艺改进，需要对设备进行调整时，也不需要重新布网。

事实上，在3/4G通信中，小基站产品就已存在，只不过由于前几代宏基站的信号穿透效果较强，导致其存在感看起来并不高，但在5G时代，室内微型基站能对宏基站的覆盖范围形成“补盲补热”的效果，未来几年小基站将是5G网络建设的重点。

“5G网络需求多样化的出现将催生建网模式的多样性。除了运营商建设网络之外，还有一些行业集成商、垂直行业企业参与建设网络，将有效满足灵活性、定制化、专业化的5G建网需求。”京信通信中国区销售中心总经理邱彩霞表示。

借助5G通信，设备运行的有效性、稳定性、可靠性得到了提升

瞄准差异化市场，“补盲”小基站破解“双高”

随着国内5G建设进入高峰，除宏基站外，对小基站的需求也将迎来爆发式增长。根据国盛证券分析，以中国电信获得的3.5GHz频段为例，其5G宏基站信号覆盖半径为250m—500m，远低于4G时期的1km—3km。

提到5G建网，很多人第一反应是华为、中兴等主设备厂商，与之相对的，市场上还有另一类非主设备厂商，成为运营商网络建设部署的有效补充，并在细分网络实现有效覆盖。

小基站的主要应用场景有两种：一是在宏站弱覆盖场景使用，主要用于覆盖“补盲”；二是在扩容场景使用，主要用于宏基站容量“吸热”。

由于千行百业需求的碎片化、复杂化，很难用统一的网络部署方式满足所有差异化的客户需求。面对差异化的客户需求，比如，地下停车场、电梯等信号弱的地方，5G小基站灵活、高性价比、低能耗，能够很好地适配行业各种各样的需求。

除了与巨头错位竞争，5G建设的运营也非常关键。邱彩霞说，5G建网时就要提前按照“价值区域”做好规划，划分高、中、低价值的业务场景，选择与之匹配的各类型设备，从而规避选择单一设备带来建网成本过高、能耗大幅上升的“双高”问题。

就在8月，洛阳联通夜间部分时段休眠关闭部分5G基站，来降低电费成本的消息引发热议。在这种情况下，5G小基站可以低功耗的方式“补盲”而存在。

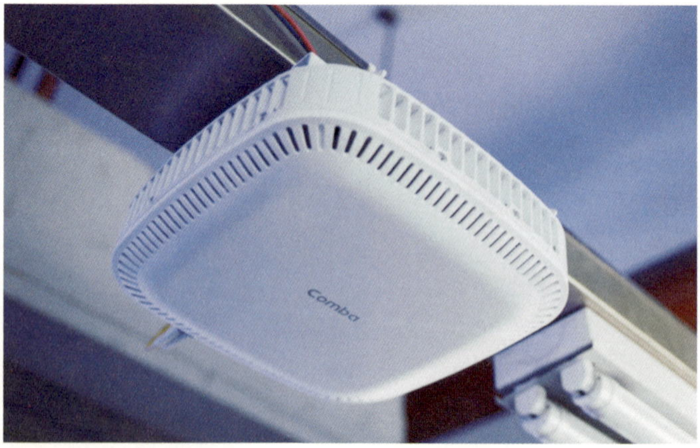

室内微型5G基站能对宏基站的覆盖范围形成“补盲补热”效果

5G大部分业务将发生在室内

多数业务在室内，小基站把5G请进家

除了在室外得到广泛应用，事实上，室内更可能是5G应用最多的场景。相关数据显示，目前超过70%的5G业务发生在室内。

邱彩霞说，2020年上半年，新基建提出后，三大运营商密集建设室外宏站，而在下半年重心将是室内覆盖建设。

室内覆盖也面临着几大痛点，首先是室内5G建网成本偏高，由于5G室内覆盖站址数量众多，其建设规模大导致建设成本高；其次室内场景多样化需要更灵活的覆盖解决方案，包括场馆、交通枢纽、酒店、商场、写字楼等场景，各个场景的人流密度、5G话务容量、5G业务要求等都不一样，单一的设备类型和单一的覆盖方案不能满足各类型室内场景5G建网需求。

对此，京信通信推出了场景化的5G室内覆盖解决方案，提供不同功率等级及不同系统架构的产品系列，提供容量覆盖的基站和信号覆盖的直放站等产品系列。相比宏基站，小基站“哪里需要哪里装”，建设成本、运营成本等整体也更有优势。

看好物联网，比拼行业定制化能力

对普通用户来说，手机是5G的第一个应用。相比之下，To C只是5G发展的起点和基础，To B更可能是5G技术施展空间的地方。与普通用户标准套餐的需求不同，未来通信厂商将比拼的是深入行业定制化场景的能力。

为此，京信通信十分看好5G与物联网联合应用场景。在京信通信的园区，通过5G开放平台小基站在厂区生产车间全覆盖，生产工厂现场的智能装备（AGV小车、SMT设备、机器视觉检测设备等）接入5G网络后，云平台对收集的信息进行数据分析和智能化决策，实现AGV云化视觉导航、AR远程工位指导、厘米级高精度定位、柔性生产线的云化协作管理等系列创新应用。

“万物互联时代，所有数据都可以通过大带宽、低时延、广连接的5G网络传输，畅通‘神经网络’，使城市大脑更加‘聪明智能’。”邱彩霞举例说，AGV小车不需要布线，通过5G系统可以和周边机器设备、原材料、产品等构建智能、高效、可靠的网络，实现远程操控、智能化分析与决策等等，实现人、物、机器等各要素泛在深度互联。

但就目前来看，5G在很多场景中还多处于试水阶段，并没有真正普及开来。对此，邱彩霞解释，这主要还是因为5G产业链未成熟，比如5G模组成本还偏高，“随着应用场景的不断增加和产业链的不断成熟完善，5G建设及运营成本将在未来几年内快速降低，届时各行业也将快速用上5G”。

国金证券指出，由于微型化的基站方便部署且易携带，未来，尺寸小、多制式、异构接入的基站将有更多的发展空间，预计5G小基站的市场规模或为2500亿元。

逐鹿5G，粤企如何赢得先机？

4G改变生活，5G改变社会。

中国5G正式商用一周年之际，2020世界5G大会于11月26日在羊城广州开幕。

从5G复合移动机器人到AR虚拟建模地图再到无人自动驾驶，展会上的一切都在告诉我们：5G开启的万物互联智能时代已经到来。随着全球新一轮科技革命和产业变革的深入推进，5G已成为世界各国信息智能时代的竞争制高点。

作为电子信息产业大省，广东拥有5G相关企业1600多家，约占全国1/3。在这一轮全球产业竞跑中，粤企如何赢得先机？回答好这个问题，关乎广东也关乎中国未来。

头部企业的全球竞跑

大会门口，华为的广告牌非常醒目，上面写着：向5G先行者致敬。

大会上，华为开辟了“5G时代新型计算基础设施”“科技推动人类可持续发展”等展区，展示企业在不同领域的最新5G解决方案。

作为5G领域的先行者和探路者，华为在诸多领域实现了从0到1的突破。

在网络覆盖方面，华为5G的信号可下至800米的煤矿，上至海拔8844.43米的珠峰；在智能制造方面，华为借助“5G+AI”技术实现高达99%以上质量检测精度；在与民便利方面，华为实现5G远程医疗、5G立体巡防……

“华为希望能够通过技术创新，打造安全可信的数字基础设施底座，助力千行百业数字化”，华为技术有限公司中国区副总裁、广东代表处代表周建军这样表示，未来5年内将投资2000万美元支持合作伙伴的5G创新应用。

5G可为粤港澳大湾区的建设创造更多可能性

在中兴展台，一只四足机器狗成为全场的“最红明星”。它的身上安装了激光雷达、摄像头、红外传感器等设备，通过5G+AI算法可实现自动跟踪、导航规划、手势识别以及动态避障等功能。

“5G技术可以实现跨区域跨城市无延时遥控操作，后方对前方情况进行迅速研判分析。”中兴展台工作人员介绍，机器狗可以在工业、农业和服务业广泛应用。

当前，以华为、中兴为代表的头部企业正在深度参与5G产业全球竞跑，从技术到产品再到应用，“全赛道”All In。

仅仅研发费用，截至2019年，华为在5G研发方面投资累计已超40亿美元，中兴每年用于5G研发的费用也超过30亿元。

官方数据显示，华为、中兴的5G专利数超过5000件，约占全球1/3。两家企业持续加强芯片、算法、核心架构等研发投入，在5G标准专利、关键技术等多个层面构建了核心竞争优势。

华为、中兴是广东5G产业高质量发展的生动注脚。

谁赢得5G，谁就赢得未来。作为电子信息产业大省，目前广东拥有5G相关企业1600多家，约占全国1/3。截至10月底，广东已建设开通5G基站超过11万个，5G用户近2700万户，规模均居全国第一。

产业链的上下游协作

2020年世界5G大会的主题是“5G赋能、共享共赢”。

与4G相比，5G更大的意义在于改变互联网的下半场——产业互联网，给传统企业“触网上云”带来颠覆性革命，助力产业链的上下游协作升级。

在佛山，华中数控的全自动化流水线上，十多个工业机器人依次排开：最快1分钟，一台烤面包机就能完成组装。

“像这样的机器人生产线已经广泛应用在多家企业，5G的低延时性让工业互联网应用提速。”公司常务副总经理杨林说。

这里是广东家电制造产业的腹地。当前，广东拥有电子信息、石化、家电制造三大超万亿元集群产值。架构于5G技术、工业互联网基础上的智能制造，为“笨重”的机械装上快速运转的“大脑”。在杨林看来，以5G为代表的“新基建”将革新整个工业链。

在湛江，宝钢钢铁管控中心，工作人员通过厂区内千余个摄像头拍摄的实时画面，对全厂进行监控和管理。2020年，宝钢湛江钢铁中标工信部“2020年工业互联网创新发展工程”，成为5G行业应用示范项目。5G应用为宝钢湛江钢铁提升效率达48%，年节省成本约2亿元。

2020年，新冠肺炎疫情全球蔓延，以5G为代表的“新基建”成为国家把握发展战略机遇期的新变量。

既是全国信息通信大省、又是电子网络消费大省，广东连接着5G产业链生产和消费两端。如何发挥产业链上下游集群效应，成为能否赢得信息变革全球竞跑的关键。

在5G核心产业链，广东具备明显的领先优势：华为和中兴分别是全球第一、第四的通信网络设备商，占全球供货额的1/3；广东珠三角地区是我国芯片产业主要分布地区之一；广东省基站天线技术成熟，占据我国和全球重要市场份额。

疫情之下仍然旺盛的消费需求，让5G产业链从生产加速到达终端。省统计局发布数据，2020年1—10月通信终端设备制造增长81.8%。省工业和信息化厅相关负责人预计，2020年广东5G相关信息消费将超百亿元。

万物互联的应用落地

“如果说1G到4G是面向个人的，那么5G将拓展到面向产业互联网和智慧城市，带我们进入一个智能社会。”中国工程院院士邬贺铨表示，5G连接万物，将带来社会变革。

5G的万物互联不仅体现在产业链上下游，更应用落地在各行各业。

——在出行领域，商汤科技发布智慧出行解决方案，依托人脸识别、视线追踪、物体识别等技术，可以应用于乘客身份识别、驾驶员状态分析、人脸解锁车门等。

——在教育领域，中兴通讯凭助力教育行业打造“5G+4K”远程高清互动课堂，5G+AR教学、5G+全息课堂等众多场景的创新应用打破时空资源局限，让课堂无处不在。

——在医疗领域，联通的5G智慧病房以信息交互平台为基础，实现医护患协同交流，改善患者就医体验。融合5G、IoT、AI、云计算等技术，护理业务实现移动化智慧化，目前，该应用已在广东部分区域试水。

作为5G的基础，基站建设是重中之重。全球超过50%的5G基站在中国，而广东则领跑全国：目前，广东建成的5G基站占比超全国六分之一，数量全国第一。此外，广东5G独立组网、5G产业产值、5G专利数也位居全国首位。

2020年，广东将全面加速5G网络建设，预计新型信息基础设施投入超500亿。这也意味着，在可见的未来，广东的5G应用落地会由点及面，真正改变数字经济生态。

时间是最忠实的记录者，也是最客观的见证者。

1987年，广州开通了我国第一个蜂窝移动通信系统（1G），珠三角率先联网运行。如今，广东再次率先培育深度融合协作的5G产业生态体系，全面推进万物互联的落地应用，在全球信息革命的赛道中加速奔跑，引领新一轮的数字浪潮。

（撰稿：姚翀　郜小平　许隽　彭琳）

第二节 工业互联网开启“智造”新征程

■ 核心提示

随着5G网络布局的提速，最让人期待的应用或将是在工业互联网领域。工业互联网通过智能机器间的连接，使得企业间高效共享各种要素资源，进而降低成本、提升效率，推动制造业转型发展，是新一轮工业革命和产业变革的一个重点发展领域，也是推动传统制造业迈向高质量发展的重要推动力。

通过工业互联网，工程师在iPad上实时查看产线情况

广东工业互联网推动制造业迈向高端

2014年，美国GE、思科、IBM、英特尔和AT&T主导成立工业互联网产业联盟。此后，德国政府发布工业4.0战略，其核心与美国工业互联网的内涵总体一

致。随后各发达国家共同推动了工业互联网全球化发展，加速了第四次工业革命的进程。

在我国，工业互联网近年来也发展迅猛。中国信通院发布的报告显示，2019年，我国工业互联网产业规模已达到2.13万亿元，同比增长47.3%。预计2025年，这一数字将突破5万亿元。

而在广东，工业互联网的发展更是如火如荼。经过过去十多年的自动化、信息化技术改造，目前，广东正将工业互联网创新应用作为制造业新一轮技术改造的“升级版”，推动工业企业“上云上平台”，为工业的转型升级开辟了新路径，并呈现出了以下几个特点——

政企合力推动广东智造持续领先

广东省工业互联网高质量发展的背后，离不开国家、省、市各项政策的支持。广东省是最早提出发展工业互联网的省级地方政府。2018年初，广东就提出要“率先部署发展工业互联网”，推动企业“上云上平台”，并首批在广州、深圳、佛山及东莞4市开展试点。

2018年3月，广东省人民政府印发《广东省深化“互联网+先进制造业”发展工业互联网的实施方案及配套政策措施》，提出到2020年底，要在全国率先建成完善的工业互联网网络基础设施和产业体系，推动1万家工业企业运用互联网新技术、新模式实施数字化、网络化、智能化升级，带动20万家企业“上云上平台”。

广东工业互联网这一阶段“家底”如何？从龙头企业数量可以窥见一斑。2019年11月，工业和信息化部发布10家国家级跨行业、跨领域工业互联网平台，广东华为（Fusion Plant工业互联网平台）、富士康（BEACON工业互联网平台）、树根互联（根云工业互联网平台）3家入选，数量居全国第一。

此后，广东工业互联网发展加速进入产业集群阶段。2019年底，广东发布政策，明确推动产业集群工业互联数字化转型过程中，“三年规划、阶段评价、绩效淘汰、滚动支持”的基本工作原则。

2020年5月，广东省工业和信息化厅发布《广东省“5G+工业互联网”应用示范园区试点方案（2020—2022年）》，加快构建支撑广东制造业高质量发展的新型基础设施，深化5G与制造业各垂直行业领域的融合创新发展。

首批八个“5G+工业互联网”应用示范园区正式公布，分布在广州、深圳、珠海、佛山、惠州以及湛江六个城市。同时，第二批广东省“5G+工业互联网”应用示范园区建设也正在启动。

按照规划，到2022年，实现重点工业园区和年主营业务收入超百亿元工业企业5G网络全覆盖，推动一批产业集群实施规模化企业内网改造。“5G+工业互联网”企业内网建设改造覆盖10个制造行业，形成10大可复制、可推广的典型工业应用场景。建立“5G+工业互联网”端到端技术产品团体标准，培育成熟的商业模式。

应用创新的生态持续完善

工业互联网涉及工业和互联网等信息通信技术领域的各个环节和各个主体，正在形成复杂和全新的生态系统。

从行业看，工业互联网已覆盖制造业主要工业门类，向能源、交通、医疗

工业互联网将经验浓缩成了数据，工人工作强度有所下降

等领域拓展，应用企业提质降本增效成果显著。在广东，全省地区生产总值连续30年居全国第一位，形成了家用电器、食品、建材、家具等优势传统产业，以及以电子信息、汽车、装备等先进制造业为支柱的产业体系。这些为工业互联网在行业应用打下了坚实基础。

从区域看，龙头企业与中小企业融通发展更加紧密，产融结合、产教合作、国际合作热度持续提升，创新中心、示范园区、开源社区等生态载体建设也在加快推进。

以广州为例，工业互联网平台支撑体系基本形成。广州先后引进了树根互联、阿里云、航天云网、海尔科技等20多家国内知名平台，培育了中船互联、博依特、盖特等一批行业领先平台，初步建成了以树根互联等国家级双跨平台和百布网等行业独角兽平台为代表的平台支撑体系。

广州工业互联应用场景不断丰富。全市以政策为抓手，全面推进企业“上云上平台”，规模以上企业“上云上平台”比例达40%。智能化生产、网络化协同、个性化定制、服务化延伸等新业态新模式加速发展，家居、汽车、服装等领域积极探索大规模个性化定制的工业4.0生产模式，已形成欧派、索菲亚、尚品宅配等领先企业集聚的定制家居产业集群。定制家居产业集群、箱包皮具产业集群已列入广东省产业集群数字化试点，41个企业项目入选国家、省工业互联网领域的创新发展、试点示范、应用标杆等范畴。

深圳也涌现出大疆、华星光电、赢领智尚等一批工业互联网应用标杆企业，通过发展工业互联网，实现了生产全链条互联互通，大大提升了企业市场反应速度，缩短了交货周期，降低了生产成本，企业效益和竞争力明显提升。其中，富士康注重优先引入工业互联网技术，使生产效率提高30%，库存周期降低15%，2019年被世界经济论坛评为制造业领域“灯塔工厂”，这在全球仅有16家。

经济社会贡献不断增强

2020年新型冠状病毒疫情暴发期间，众多制造业企业利用工业互联网平台，迅速调整供应链，及早转产、复产。越来越多的制造业企业意识到工业互

疫情初期，“机械装备指数”实时反映基建复工情况

联网是发展进程中的必由之路。

疫情暴发之初，从开工到正式启用仅用时8天的武汉“火神山”项目备受关注，4000余名建设者和近千台各类大型机械设备在3.39万平方米的土地上日夜鏖战，不少网友见证了“中国速度”。

速度的背后，是树根互联紧急调动应急装备智能管理平台，24小时全天候在线保障400余台工程机械设备在施工现场的高效能工作和资源调度能力的体现。

包括腾讯、华为、中兴等科技企业，加速利用数字技术助力复工复课，推出产业分析和疫情防控大数据平台整合产业资源，打破信息壁垒，匹配供需，为战“疫”赢得了宝贵的时间。

针对企业复工的核心诉求以及关键场景，腾讯推出面向工业企业的一整套复工解决方案。通过部署智能防疫系统，支持企业防疫复工；通过工业互联网平台改造，搭建疫情期间供需对接平台；通过系列小程序助力政府联防联控和企业复工复产，为防疫复工提供了一揽子救援和保障计划。

“疫情期间接到不少企业的电话，主要是佛山、东莞这些制造业大市的，都有点应接不暇。”用友网络副总裁、华南区总经理蔡隆平说，随着数字化经济发展的逐步推进，尤其是不少中小企业对工业互联网的态度，正发生着从冷眼旁观向主动拥抱的变化。

受疫情影响，一些制造业中小企业陷入产品订单量下降、销售渠道受阻的困境，融资更是束手无策。借助工业互联网，这个难点可以迎刃而解。工业互联网通过连接产业链上下游、汇集海量生产相关数据，使得利用更多维度、更广来源的数据精准刻画企业经营行为、评估企业资产状况变为可能，为金融市场针对中小企业开展金融服务提供了依据。

从大批量生产到大规模定制，广东制造业迈向价值链高端

在汕头市澄海区宝奥国际玩具城，玩具厂厂长们走进直播间，通过镜头向外界推介新品。涌入的订单迅速转化为生产线上轰鸣的机器声。

以往，新品研发、销售预估都是凭经验，要么是爆款经常供不上货，要么是卖不出去而成为库存，不少企业一度萌生退出制造业的想法。

现在，借助工业互联网平台，越来越多的制造企业，将设计、销售端与生

通过直播的形式，制造者能够更加精准地对话消费者

产端的数字化管理相互打通，将消费者的精准需求传递到上游制造企业，制造者能够更加精准地对话消费者，进而推动企业从以往的大批量生产迈向大规模定制。

根据规划，到2020年，广东要在全国率先建成完善的工业互联网网络基础设施和产业体系，这成为撬动广东传统制造业转型升级和提质增效的关键助推力。

先订单后制造
C2M模式实现个性化规模定制

在位于佛山市南海区的维尚家具厂房，机械臂依据信息指令，对马上需要使用到的板材进行飞速分拣，随后机器自动识别二维码的指令进行加工。

尚品宅配生产线上的每一个产品、每一个板材，都是完全不同的，一个机械手每天可以加工几千件完全不同的产品，从而实现个性化的大规模生产。

同样感受到变化的还有碳纤维吉他制造企业广州碳兴科技。此前，一个工人一天只能生产两三把吉他，但接入阿里云工业互联网后，用户细分需求得以反馈到研发制造体系，订单则按生产工序自动分派到供应链上的不同工厂定制开发，一台注塑机一天可生产1000把吉他，实现了规模化生产，让碳兴科技更加专注吉他设计。

伴随互联网领域消费行为的变化，消费升级与智慧零售正悄然到来，催生了一种不同于以往的个性化生产模式，即C2M（用户直连制造）模式。

提起“定制”这个词，很多人会联想到小批量，是为少数人服务。而借助零售行业掀起的C2M反向定制变革，让每一件独特的产品都能借助流水线生产，用工业化的方式来制造个性化产品。

阿里云华南总监黄烨华说，广东传统制造业普遍面临竞争激烈、供大于求的外部环境，通过工业互联网，原本批量制造的工厂蜕变成为以数据驱动的大规模定制工厂，还通过先订单后制造的方式，解决了行业最头疼的库存积压问题。

越来越多的企业将搭上工业互联网的快车，广东也成为最先发布工业互联网扶持政策的省份，2020年，广东省推动1万家工业企业运用工业互联网技术升级，带动20万家企业“上云上平台”，进一步降低信息化构建成本。

每一个零件都通过二维码扫描，实现机器自动按需加工

产业集群提质
推动工业互联数字化转型

一直以来，工业圈子相对封闭，工业互联网在推动单个企业踏上转型之路的同时，以点带面推动产业集群整体转型。

美的旗下工业互联网平台美云智数就将生产信息发布到平台，供应链企业能够在第一时间获得生产成品计划，直接把关键零部件需求信息提供给供应商，而供应商也缩短反应时间，大大节省整个供应链的生产周期。

打通上下游产业链，进而带动整个产业集群。阳江五金刀剪云平台就是“云上制造”的典型案例。五金刀剪产业是阳江传统支柱产业，但行业存在生产管理方式落后、信息化自动化水平低、同质化恶性竞争等痛点，整个产业链处于行业中低端。

广东联通面向全行业搭建了国内首个五金刀剪产业行业性云平台，基于同一个工业互联网云服务平台，针对各个工序与环节模块化开发，预计到2020年将覆盖1000家中小企业，该平台也将成为面向区域集群产业转型升级的工业互联网示范平台。

“很多企业没有自己的品牌，只能进行低端贴牌加工，赚取微薄加工费。”蔡隆平说，以苹果和特斯拉为例，其每一道工序都形成了一道庞大的产业链，只有拆解每一道工序、做精每一个环节，才能推动产业群高质量发展，而借助专业镇的产业集群优势，可以批量式在行业内快速推广并推动转型。

推动产业集群工业互联数字化转型，是推进产业链稳链补链强链延链、构建新型供应链体系的重要路径，截至2020年3月，广东省已启动开展产业集群工业互联数字化转型试点工作，促进中小企业实现高质量转型。预计到2022年，广东将培育出30个产业集群工业互联数字化转型试点。

降低应用门槛
获取数字服务像逛“淘宝”一样方便

传统产业转型升级仍面临着诸多挑战，例如昂贵的工业软件，让不少中小企业对数字化转型望而却步。和传统的技改不同，工业互联网并不需要大幅对机械设备升级换代。

“很多产线已经存在了，并不需要推倒重来以实现最新的生产方式。”华为云工业互联网业务负责人贾永利说，一些设备虽然相对落后，但通过引入人工智能与数学模型，同样可以提高生产效率。

这让更多中小制造企业看到了转型的希望。黄烨华说，工业互联网平台就像一个淘宝网，有非常多的工业软件、工业解决方案和服务商，供中小企业用好这些数字化工具。

“我们最小的单子才几万元，这是制造企业能承受和愿意尝试的。”树根互联CEO（首席执行官）贺东东说，通过几台设备、十几台设备的尝试和使用，发现有价值再上量，“门槛非常低，企业可进可退，用得不好就不用了，用得好就可以商量。”

2019年，广东规模以上工业实现增加值33,616.10亿元，同比增长4.7%。在工业互联网的带动下，粤企提质增效将继续推动广东高质量发展。

从“生产型制造”到“服务型制造”，粤企重绘新制造业版图

华为松山湖工厂，高速运转的产线传输带上，原材料、半成品加工、整机组装再到测试、包装、发货一气呵成。此前，工人每次做检验耗时5分钟，而通过模型预测，生产实现无人值守，还提升了缺陷发现效率，成品率从99.2%提升到99.55%。

华为在过往探索自身数字化解决方案过程之中，也具备了对外输出能力，帮助大中小企业实现数字化转型，并在石油、化纤、电子装备、汽车制造等多个领域复制经验。

这是广东制造企业从单纯出售产品向出售“产品+服务”转变的一个缩影，企业除了获得硬件设备的利润，还开拓了由数据衍生出的增值服务空间，增加服务要素在投入和产出中的比重，延伸产业链，提升价值链，推动产业迈向中高端。

在广东，包括美的、TCL、富士康等一批先进制造业企业，正借助工业互联网技术，用服务重绘新的制造业版图。

制造企业开辟“第二增长曲线”

“以前一款车可能五六年都不变，但现在可能半年就要改变一次。终端市场的变化，就必须要求产线也快速响应。”广州明珞汽车智能制造事业部负责人左志军谈到，向工业互联网转型其实也是被逼出来的。

此前，明珞汽车主要为奔驰、广汽、吉利等厂商提供焊接工艺，但产线建设结束后与客户的交道也告一段落，而将产线联网改造，通过对信号的采集、收取、记录，获取每个零部件的性能状态及寿命，分析得到产能和改造需求下的最高效方案，以及可利用的设备和元器件，全面降本增效。

“制造业与服务业之间的界限越来越模糊，越来越多的制造企业正在转型为服务型企业。”蔡隆平说。

从国际经验来看，发达国家的制造业存在“两个70%”的现象，即服务业产值占GDP比重的70%，制造服务业占整个服务业比重为70%。

汽车生产线的响应速度越来越快

同时，服务通常比产品有更高的附加值，也提供了更为稳定的收益来源，如通用电气（GE）公司在20世纪80年代时，传统制造产值占比达85%，服务产值仅占12%，而其通过“技术+管理+服务”转型后所创造的产值占公司总产值的比重约为70%。

粤企正试图开辟新的工业服务增长点。数据显示，美的旗下工业互联网平台美云智数2018年、2019年营收约为3.5亿元、4亿元；有“工业互联网第一股”之称的富士康工业互联网（下称“工业富联”），2019年科技服务业务（含工业机器人及工业互联网相关服务）营收6.24亿元，同比增长10.08%。和GE对比，还有极大的增长空间。

工业互联网成为新的“蓝海”。据工信部赛迪顾问数据，2020年，国内工业互联网市场规模将达到6970.6亿元，未来三年将以14.1%的年复合增长率稳定增长。

“企业想保持基业长青，必须想办法跨越到第二曲线。”左志军说，这需要跃迁式、非连续性创新，甚至是“破坏性”创新，而工业互联网是推动企业开辟从制造到服务第二增长曲线的“跳板”。

平台商向中小企复制成熟经验

从岭南到大西北，从大陆腹地到东南亚，一朵来自佛山的“云”——“葆德云”将世界各地超过2万台葆德空压机连接在一起。

把这张巨大的“网”连接起来，就组建了一个空压机领域的工业互联网平台。在这个平台上，包括排气量、运行温度等数据每隔1分钟自动上传到“葆德云”，实时监控产品的设计、制造、检测、销售和服务的整个过程，经过数据分析后，平台会发出设备保养预警和故障预测。

与传统设备制造商不同，葆德不仅卖设备，还将增值服务集聚成平台，这成为广东制造企业转型升级的一条重要路径。

龙头企业转身更为迅速。以“产品领先、效率驱动”为目标的美的集团，将自身拥有的强大的制造和IT能力沉淀为经验，并通过美云智数作为工业互联网对外输出服务的载体，并在家电、汽车、食品、酒类、电子设备等20多个行业200多家企业落地应用。

工业富联不仅形成了全球3C电子行业最短的供应链，其工业互联网解决方案也快速复制到汽车领域、装备制造、轨道交通一系列行业。

在广东，美的、富士康、华为、TCL等制造业企业，正在像IBM、GE那样，将对外服务能力形成整体解决方案，逐渐向一家工业互联网平台提供商转型。“在我们的平台上，解决方案不仅面向华星光电这样的高端制造业，还有白色家电以及体量更小的厨电。”TCL旗下工业互联网平台格创东智CEO何军说。

“按需定制”打造工业共享经济

工业互联网带来的不仅仅是效率的提升，很多企业在思考如何利用新的技术和理念，重塑原有的商业模式。

广州树根互联就发现，全国工业装备开工率普遍低于40%，如何提高客户资产利用率？“我们可以提供类似‘滴滴找单’的设备共享服务，对接供需双方。”贺东东说。

以三一重工为例，其8000多台设备在2019年里不仅没有新增，树根互联还助其封存了700多台设备，资产利用效率进一步提升。

工业互联网也催生了产线上的“共享经济”。“新车型牵动整条产线变化，零部件企业购买新设备的压力很大，但设备并非不够用，只是没有得到充分利用。”左志军说，对此，明珞汽车租赁一部分闲置产线，为零配件企业提供按需定制服务。

新的商业模式层出不穷。佛山某装备企业年产数控机床1200台，随着市场销售规模的扩大，企业却面临着“幸福的烦恼”：售后成本居高不下。借助广东联通的工业互联网平台对数控机床集中管理，每年可为企业节省210万元以上的维护成本，同时，通过机床管理平台的升级，这家装备企业也从传统装备生产商一跃转型为智能装备生产商，为未来设备金融租赁等新兴业务发展创造了条件。

中国信通院广州分院副院长王洪岭说，借助强大的工业互联网作为支撑，企业得以更大范围、更高效率和更加精准地配置生产和服务资源，这为制造业产能共享扩展到细分行业创造了新的机会。

工业互联网平台被称为工业领域的“操作系统”

从硬件制造转向生态服务，粤企抢滩未来工业“操作系统”

来自广州的树根互联工业互联网平台，给了云南唯森复工的底气。以往设备检查靠手触摸机器温度，借螺丝刀感受振幅，再凭经验判断机器的运行状态；现在，机器边上有了不知疲倦的智能感知仪器，点开运维小程序，选煤厂里各设备的运转状态、参数一目了然。

工业互联网平台被称为工业领域的“操作系统”，既包括生产设备等硬件领域，也包括各种管理软件、数据和服务领域。一直以来，中国尽管在硬件制造上取得长足进步，但在核心技术、产业基础与应用生态等还存在诸多短板弱项。数据显示，每年采购国外软件产品和服务总值达1.3万亿元。

在广东省加快从“广东制造”到“广东智造”的背景下，一批硬件制造企业纷纷转向生态服务商，一批工业互联网平台涌现，帮助制造企业补齐软件生态短板。消费互联网领域常出现“赢家通吃”的情况，广东工业领域的“操作系统”又将呈现怎样的生态？

何为工业“操作系统”？
打通图纸到实物数十套系统

“战疫复工中，通过打通和透明化整个信息流，企业清楚自己订单的紧急情况、原材料、工人、模具等情况，工厂可以智能排产，上游供应商也可以根据美的提供的信息安排复工复产。”美云智数总经理金江说。

美云智数脱胎于美的集团，依托集团内部数字化转型积累的经验，形成一套产品进而对外输出服务。这与之前形成了鲜明反差——即便是美的自身，也难以做到“透明化”。

最多的时候，美的集团内部存在大量“烟囱式”系统，研发系统就有10多套，研产销几个核心领域对应的IT系统加起来超过100套。

对此，美的进一步打通全价值链的运作体系，将所有环节在线化，产生数据形成透明化，再推进智能化和自动化。此前工厂做排产计划需要15人，但基于订单、供应商的数据可实现自动排程，只需要4人来负责。

智能制造推动所有环节在线化、数据透明化

其他制造企业也同样面临类似的问题：稍微大一些的制造业企业几乎都有几十套复杂的系统，而每个系统都有自己的数据采集、数据库、用户界面，有着不同的用户名和登录密码。

而通过打通信息孤岛，将生产、产线、质量、财务等系统的数据连接起来并加以集成，大企业通过集成方式，提高数据利用率，形成了完整的生产系统和管理流程应用，智能化水平大幅提升；中小企业则借助大企业的工业互联网经验，以更低的价格、更灵活的方式补齐数字化能力短板。

“工业互联网平台在一定程度上是新工业体系的‘操作系统’，向下对接海量工业装备、仪器、产品，向上支撑工业智能化应用的快速开发与部署，发挥着类似于微软Windows系统、谷歌安卓系统和苹果iOS系统的重要作用。”邬贺铨表示。

平台企业为何落子广东？
粤完整工业门类提供发展土壤

帮助企业将“沉默的数据”转化为生产资源，工业互联网平台已渗透应用到制造业多个领域。

据工业互联网产业联盟统计，全国各类型的工业互联网平台数量达数百家，有一定区域影响力或行业影响力的平台有50多家。“工业互联网平台已经进入万马奔腾的时代。”贺东东说。

在广东，工业互联网平台建设已经进入“加速期”。工信部发布10家国家级跨行业、跨领域工业互联网平台，华为、富士康、树根互联入选，数量居全国第一。仅在广州，就有20多家国内知名的工业互联网平台落户。

数据显示，广东已发展超300家“省工业互联网产业生态供给资源池”企业，累计支持和带动超过6000家工业企业“上云上平台”。2020年将深入推进“5G+工业互联网”应用，到2020年底推动累计1.5万家工业企业应用工业互联网技术加快数字化转型。

富士康工业互联网的“熄灯工厂”

“打个比方，资源池企业包括平台企业、解决方案与产品提供商，前者提供操作系统、基础系统，后者提供类似Office等应用服务，中小企业就相当于终端用户，三者构成了工业领域的生态系统。”中设智控总经理曹溪对此解释道。

广东何以能吸引如此众多平台企业扎根或落户？王洪岭对此分析，一方面，广东工业门类最齐全，需求是推动工业互联网发展的土壤，另一方面，政府推动时间较早，在政策、资金、生态等各方面支持领先于全国。

会否出现“一家独大”？
工业门类多 赢家难通吃

不到两年时间全国已涌现上百家工业互联网平台企业，而广东平台数量领先全国，相比消费互联网赢家通吃、一家独大的局面，工业互联网领域的“操作系统”供给过热了吗？

王洪岭分析，制造业行业壁垒较深，很难像消费互联网那样跑马圈地。目前，来自装备制造、工业自动化、工业软件、通信与信息技术等不同领域的企业不约而同地推出了工业互联网平台，其中，以工业富联、美的、格力、TCL为代表的有制造基因的企业，熟悉工业流程和场景，以华为、阿里、用友为代表的有IT基因的企业，在数字化方面有优势。

“从单个软件到整体数字化转型，从车间到社会化的协同，从企业级的管理到社会大协同，没有一个单独的平台可以满足这些需求。”贺东东预测，工业互联网最终是各个行业生态共赢的局面。

平台企业也在寻找自身差异定位。腾讯云智能制造总经理梁定安对此表示，腾讯以“数字化助手”的角色进入产业互联网，与其他工业互联网平台形成互补。目前，腾讯陆续与富士康、三一重工深度合作，帮助企业推出垂直行业的工业互联网平台。

至少在现在，曹溪并不用为竞争而担心，“这个市场才刚开始，再多几个平台也能容纳得下，平台间还较少有竞争，容得下更多企业来发挥特长”。

从经验依赖到数据驱动，数据成为粤企生产新要素

在华星光电深圳工厂，每天一两百万张图片传输到后台，每个员工要盯上万张照片查找细微的瑕疵，一天下来疲惫不堪。而给产线安装摄像头等“眼睛”，并借助腾讯、格创东智合作开发的“AI判片”技术，数据替代了经验，不仅识别速度提升5—10倍，且在3个厂区逐步替代了140多人。华星光电高级副总裁陈盛中说，人眼判别图片，简单重复劳动对个人没有增值，但把人解放出来分析数据有助于提升人的价值。

在消费互联网的发展过程中，一批企业通过对消费行为数据的深度挖掘，催生出一批数据驱动的新商业模式，而在工业领域，工业互联网使数据在采集、分析和应用方式上发生深刻转变，为创造价值开辟了广阔空间。

2020年4月，《关于构建更加完善的要素市场化配置体制机制的意见》发布，数据作为一种新型生产要素被写入其中，与土地、劳动力、资本、技术等其他生产要素并驾齐驱。广东制造企业如何抓住数据这一新的生产要素引发的机遇？

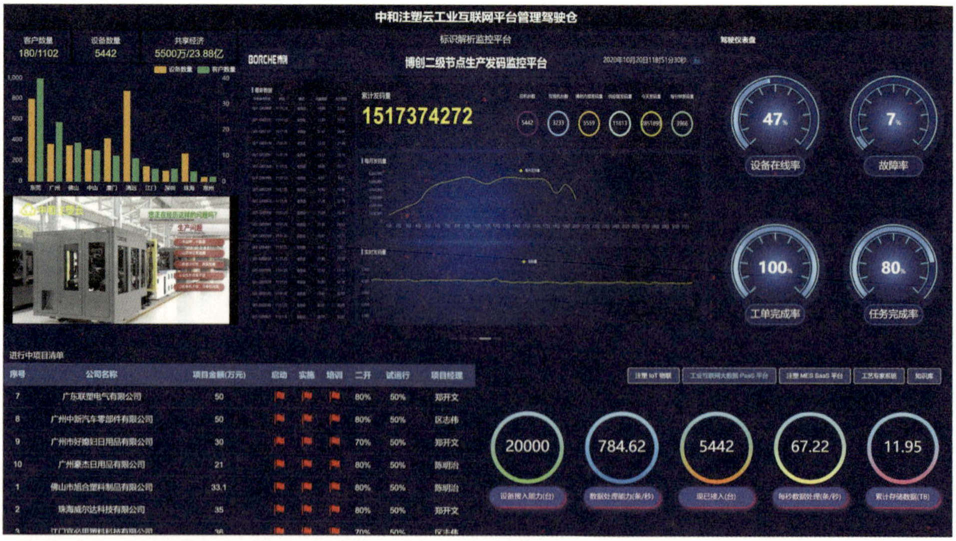

车间看板让生产进度整体实况一目了然

生产之变
制造环节有了共同“语言”

走进工业富联深圳基地熄灯工厂，整个流水线处在熄灯的黑暗之中，机器手挥摆机械臂，取件、搬运、上料，锡焊、部件安装，默契中井井有条。过去这样一条流水线要用318名操作工，改造后只需要38名巡视工。

人员优化的背后，是经验浓缩成了数据。“实现技能和智能之间的传承，是全世界面临的难题。”工业富联董事长李军旗表示，工业互联网的本质，是用“数据+模型”为企业提供服务，可以实现制造经验及知识传承。

而在佛山市南海区虹岭路上的维尚家具，从接到订单的那一刻起，就把所有的订单分解成了不同的“数据”。作为一家定制家具企业，面对不同的订单需求，维尚家具会对同样需要某一类板木的订单进行合单。这些订单数据此后会直接跟生产设备对接，一板一码，让数据成为不同制造环节的沟通“语言”。

依托于这样的数据化生产，维尚家具破解了定制家具难以规模化生产的难题。这条无形中的“数据流”也成为维尚家具打造工业互联网的重要基础。

“我们把自己对制造行业的理解和一线生产的经验固化下来，形成了‘数据+模型’的服务，工程师便能以更低的成本、更高的效率，更具拓展性地开发工业App。”李军旗说。

工业App是承载工业知识和经验、满足特定需求的工业应用软件，连续几年来，包括阿里云工业互联网、树根互联等平台广发“英雄帖”，在广州纷纷发起工业App大赛。在技术上，工业App将企业内部原本分散、隐性的技术、知识和经验挖掘出来，更有利于将工业知识、技术、经验等沉淀下来，规则化、软件化、模块化并封装为可重复使用的组件。

管理之变
企业核心竞争力更难被带走

哥伦比亚大学硕士毕业的阿里云女算法工程师宇西，几乎没有一点犹豫就爬上了8米高的锅炉，“我们首先要是生产工艺师，其次才是人工智能算法工程师”。

为了看明白每一道工艺流程，阿里云推动海归、博士等互联网工程师深入车间和工人师傅面对面交流，并用数据智能的方式帮助升级传统工业。

在锅炉里，大火熊熊燃烧。以往锅炉师傅经常要凑上去调节焚烧炉的各种参数，尽量做到让垃圾燃烧更充分，不一会儿就汗流浃背，更重要的是，经验存在偏差与不稳定，导致设备无法发挥到最佳状态。

数据不仅仅带来生产方式、经营模式的改变，同时也推动着管理方式的变化。借助阿里云工业互联网，佛山瀚蓝环境借助“大数据+模型+经验”，相比单纯人工操作，系统可以提升约1%—2%的蒸汽产量，锅炉蒸汽量稳定性提升20%。通过焚烧炉稳定优化模型，可以沉淀出老专家的经验，并向全行业开放。

“经验都存在老师傅的脑袋里，一旦离岗，经验也随之带走，而培养一名新员工上岗，要耗费大量精力与时间。”佛山瀚蓝环境相关负责人说，即便再有经验的老师傅，也只能做到理解一部分参数，而整个垃圾焚烧过程涉及上千种参数，远超出人脑的计算与理解能力。

“专家解决问题的过程，也是一次知识财富变成看得见摸得着的知识库的过程。”左志军说。

对此，工业富联自主研发12朵“专业云”，向制造企业提供了针对生产制造过程中的共性问题的解决方案，解决企业发展过程中对于单一人才的依赖带来的制约。在2020年4月交出的2019年财报中，工业富联净利润同比增长10%，人员没有增加，依托工业互联网平台内部推广提升管理效能，管理费用同比下降19.09%。

“智能制造的一大价值点，在于制造企业可以传承自身积淀的技术、知识、方法论，从以往‘依靠人的经验’转变为‘依靠数据的洞察’，以此应对柔性制造市场需求、老师傅辞职带走企业核心竞争力等现实挑战。”李军旗说。

人员之变
传统制造业如何吸引年轻人

事实上，智能化不是买更多自动化设备，这样只会增加成本。同时智能化也不是简单地减员，而是提升人的技术和技能，让人从事技术含量更高的部分，人机结合发挥人的更大价值。

一直以来，相比很多人才对互联网企业的偏爱，工业企业只是他们最后的选择，制造业企业也存在“接班人”的难题。中山大学中国家族企业研究中心等在2019年发布的一份报告显示，国内80%以上的民营企业都以家族企业形式存在，面临着“子承父业”的问题，“企二代”也不愿意到工厂接班。

众所周知，精益求精已成为日本企业的共识，其中很重要的一个考虑是社会老龄化、少子化问题，而工业互联网，除了通过数据留住并传承老一代工人的经验，制造业企业转型还有吸引年轻工人的意味。

这意味着，中小企业如果不转型，可能面临无人可招的窘境，90后和更年轻的00后不愿意进入传统制造业，这倒逼企业必须作出改变，以他们愿意的方式来操作，例如通过手机就能移动化作业。如此，企业招聘人才时也更有底气，也拉开了与同行的差距。

（撰稿：郜小平）

第三节 人工智能应用加速与产业融合

■ 核心提示

如果说5G是产业互联网的高速公路，那么人工智能技术就是产业互联网的“血液”和“中央处理器”。作为“新基建”的核心技术之一，人工智能技术可以渗透到前端数据采集、后端制造等方方面面，帮助产业优化生产和服务流程，助力降本增效，挖掘产业新价值。

近年来，人工智能技术加速为产业互联网赋能，除备受关注的工业互联网之外，AI+教育、AI+医疗、AI+交通、AI+农业等也成了人工智能与产业互联网融合发展的主要方向。

人工智能产业化应用加速落地

中国人工智能发展活跃的区域主要集中在京津冀、长三角和粤港澳大湾区。广东省作为粤港澳大湾区的重要组成部分，在人工智能技术研发、专利申报、应用落地方面走在全国前列。2018年，《广东省新一代人工智能发展规划》印发实施，文件明确了广东省人工智能产业发展的阶段性目标，强调将通过建设创新产业园等方式，在教育、家居、医疗、交通、城市建设等民生领域加快人工智能示范应用，推动人工智能产业集约集聚发展。

广东省人工智能产业综合竞争力已基本处于全国领先水平。一方面，在国家政策及发展规划的指导下，广东省智能产业结构逐渐完善，智能交通、智能医疗、智慧商务等垂直领域密集布局，产业集聚效应初显；另一方面，省内人工智能学科和专业建设加速推进，专业学科建设和协同培养互为补充的人工智能人才培养生态基本形成。

粤骨干企业为人工智能技术研发提速

由中国科学技术发展战略研究院、科技部新一代人工智能发展研究中心联合国内外十余家机构编写的《中国新一代人工智能发展报告2020》（下称“《报告》”）显示，2019年中国共发表人工智能论文2.87万篇，比2018年增长12.4%；人工智能专利申请量2019年超过3万件，比2018年增长52.4%。其中广东、北京、江苏、湖北等地2019年论文发表最为活跃，专利申请数量同样遥遥领先，成为国内人工智能学术创新的重要策源地。

《报告》还指出，中国企业特别是广东省人工智能骨干企业，在技术创新中的创新主体作用正在日益强化。例如，腾讯设立AI Lab、优图、Robotics X机器人、微信智聆、医疗AI等实验室，华为设立了包括“诺亚方舟实验室”等在内的四大AI实验室，立足AI基础算法研究，成为人工智能研发投入的重要力量。

据统计，早在2017年，广东人工智能企业数就已超300家，广州、深圳是广东人工智能的主要集聚地，拥有大疆、柔宇科技、碳云智能、优必选、魅族5家人工智能领域知名企业，其中，大疆占全球消费级无人机超50%的市场份额，2017年营业收入达180亿元。

中国人工智能论文发表情况

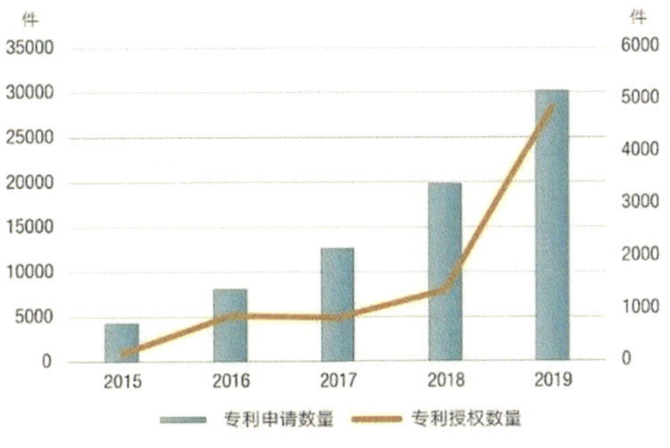

中国人工智能专利申请和授权情况

人工智能论文与专利数量在2019年均有大幅提升

粤港澳大湾区形成AI产业集聚效应

报告分析显示，中国人工智能区域发展与国家区域战略高度协同相互促进，区域要素汇聚加速人工智能产业引领。京津冀、长三角和粤港澳大湾区已成为我国人工智能发展的三大区域性引擎，人工智能企业总数占全国的83%，产业集聚区初显区域引领和协同作用。

而作为粤港澳大湾区的中心区域，广东省在人工智能方面走在前列。根据《广东省新一代人工智能发展规划（2018—2030年）》，未来广州、深圳、珠海将成为人工智能产业的核心区，广东省将以东莞、佛山、惠州三区域为连带，重点发展腾讯和科大讯飞等5大人工智能开放创新平台，并提出到2025年实现产业核心规模达3000亿元，产业规模达18,000亿元的目标。

目前，广东已基本形成以产业应用为引导、以技术攻关为核心、以基础软硬件为支撑的较为完整的产业链条。基础软硬件支撑实力较强，拥有高水平的云计算支撑平台，广州、深圳、珠海三大集成电路产业集群具备较强的竞争优势，智能传感器技术水平居全国前列。技术攻关加速布局，算法、算力、数据等领域的科技专项支持力度不断加大，一大批科技创新成果成功落地转化。产品应用前景广阔，智能机器人及智能装备产业迎来爆发性增长，民用无人机产业在全球居领先地位，无人船和无人驾驶产业蓬勃发展，智能技术场景应用不断增加，智能技术向国民经济各领域渗透的广度和深度进一步拓展。

人工智能深入智慧生活与智能生产

作为新一轮科技革命和产业变革的重要驱动力，人工智能已转化为日常生活、生产中实实在在的应用，数字让生活更智慧，科技让生产更智能。一方面，智慧生活不再是一个宏大叙事，而是分解成每一个具体可感的智慧城市、智慧政务、智慧交通、智慧医疗等；另一方面，人工智能也在加速和产业的结合，推动传统产业向智能化升级。

习得“听说读写”本领，AI走向“能理解会思考”

“苹果、香蕉、橙子……”在四川凉山一处住宅的凉亭下，一位彝族小姑娘正通过华为手机上的“AI老师普通话教学系统”学习普通话发音。“恭喜你！拿到87分！”借助语音识别、语音测评等技术，系统能在第一时间为孩子的发音进行智能评测和实时纠正。

这是人工智能在语音识别应用场景中的一个小切面。在语音识别、图像识别等技术和算法的加持下，人工智能已初步具备了“听说读写”的本领，以此为基础掌握感知能力后，人工智能正朝认知智能、决策智能的方向“进化”。

AI读图最快只需2秒

人工智能落地行业应用，可以擦出怎样的火花？以教育为例，在课前、课中、课后等各个学习阶段，用户不难找到语音识别技术的身影。比如，在教师的课堂教学中，在线语音识别可以将教师的讲课内容，实时由语音转换为文字，并完成智能提取关键词、归类等操作，方便学生进行课后复习。

通过“智能教育机器人”，学生可以在课后随时对机器人提问，学习难题的解法；在口语作业的批改环节，人工智能技术能帮助教师批量评测录音文件、归纳发音问题，这可以让教师极大地节省了时间和精力。

语音识别是人工智能的核心技术之一。近年来，其赋能教育行业，真正解决了传统教学中存在的学习环境匮乏、评价难度大等问题，其存在对于实现教育资源公平化有重要意义。特别地，随着技术的进一步升级，人工智能还能理解语义，帮助各行业解决更多现实问题。

人工智能不仅能听会说，还能读图。以AI+医学影像为例，借助图像识别和深度学习技术，病灶标注和识别等工作能被快速完成，医生的工作效率得以提高。疫情期间，腾讯宣布与钟南山院士团队达成合作，共同成立大数据及人工智能联合实验室，重点攻关流行病筛查、人工智能医学影像、流行病疫情预测预警等课题。腾讯觅影也落地湖北武汉的方舱医院，以AI医学影像助力新冠肺炎的CT筛查，最快只需要2秒就可以帮助医生识别新冠肺炎，大大节省医生阅片时间。

目前包括语音识别、语义理解在内的人工智能技术已经走入了教育、安防、金融等领域，帮助终端设备获得了“能听会说”的本领。而随着5G、云计算、大数据等新兴技术走向成熟，行业智能化还会进一步提速。

从感知到认知再到决策

事实上，人工智能逐步具备听说读写的能力，也是人工智能从感知智能向认知智能再到决策智能发展的过程。

业内人士指出，以AI医学影像为例，它正成为人工智能在医疗领域落地最早、应用最为广泛的场景，也率先实现了商业化。而未来走出单病种限制，开发出适合多病种多部位的AI应用，将使人工智能在医疗领域的落地进一步加速和深入。

“只要输入关键词‘发烧’，实景地图上就可以实时显示当天所有来医院就诊的发烧病人来自哪里。在新冠肺炎疫情期间，快速调动各种防疫资源进入高危社区成为现实。”深圳南山医院网络技术科副主任吕周平向笔者展示了医院智能化管理的冰山一角。而背后正是大数据和人工智能构建的场景。

从破解患者看病“三长一短”痛点的AI导诊，到辅助医生诊断决策病情的

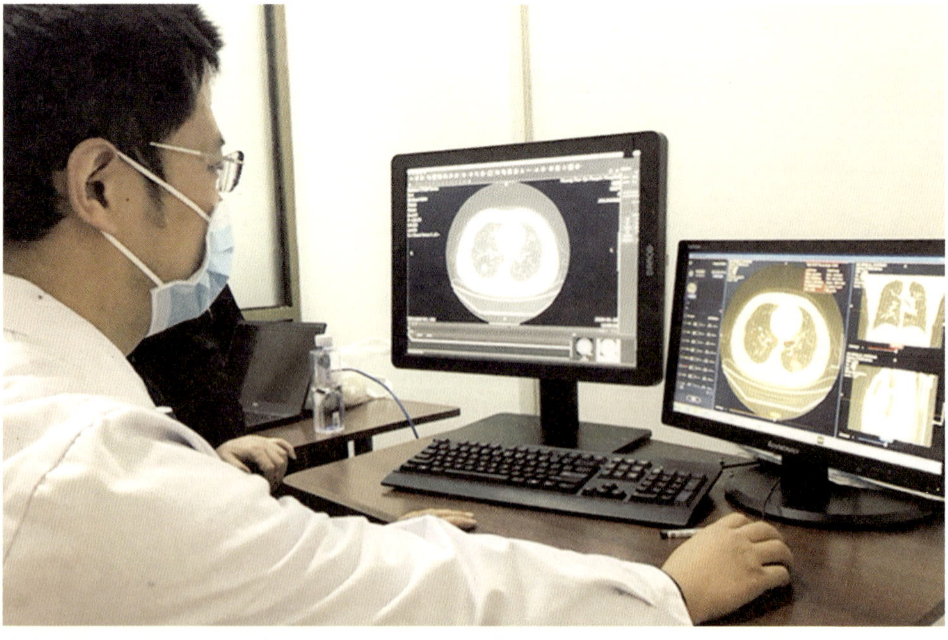

青岛西海岸新区人民医院放射科医生利用商汤AI进行辅助诊断

辅诊系统，再到为医学影像检查加速的应用，帮助医院进行大数据智能化管理的探索……语音识别、影像识别、语言处理等技术能力，正在让医疗这一系统越来越高效和智慧。

以人脸识别起家的云从科技南区总经理刘毅鹏也表示，机器人在完成听说读写后，不仅要完成感知层面的应用，而且还要从理解人到帮助人，即要做人工智能的大脑——认知和决策。

2020年5月，云从科技与广州市政府达成“数字基建”合作，双方共建国内首个人机协同开放平台，打造广州智慧城市智能运行中枢。例如，人机协同技术将通过将行业专家的知识技能模型化、自动化，自动判断过滤90%以上重复信息，使得专家可以集中处理10%的关键性问题。

推动实体经济数字化提速

在语音识别、图像识别等人工智能技术和算法的加持下，许多行业已初步具备了“听说读写”的真本领，而以此为基础，未来人工智能将能像人一样思考，并赋能千行百业，真正解决更多实际问题。

比如，在文旅领域，通过知识抽取，构建行业知识图谱等方式，AI助手将对旅游行业数据及知识产生更深刻的理解。腾讯智能平台副总裁李学朝介绍，将专业知识网状串联起来，机器人不仅可以直线思考，还能推理、判断，提供更加专业的业务服务。随着自动机器学习、神经网络可解释性方法、异构融合类脑计算等更复杂人工智能的发展、成熟，行业智能化将迈上新台阶。

“以让机器能听会说，能理解会思考为使命，希望用人工智能建设美好世界。”科大讯飞高级副总裁、华南公司总裁杜兰说，目前，科大讯飞“听说无忧”的功能已在智慧法院、电信运营商、消费类电子及移动终端等行业应用。

而在猎豹移动董事长兼CEO傅盛看来，更关键的是，AI的出现可以推动实体经济变得像互联网一样高效，把物理世界产品变成数据化。11月在东莞举行的“数字化生存”大会上，傅盛表示，在AI出现之前，摄像头都不是数字化的记录，而只是录像流，AI出现之后记录的才是每个人的ID；所有的麦克风录下的是文字，讯飞可以听懂语音然后将其转换成文字，它就开始了数字化进程。

他进而举了个例子，今天淘宝的生长已不再是管理团队做决定，是买家、卖家、供应链来决定。例如，当买家搜了一款老干妈，即便淘宝卖家没有，但留存下来的数据标识，可以让供应链迅速完成补货。

当下，人工智能正加速行业落地，据权威机构预测，在加快推动新一代人工智能应用场景落地的政策和市场推动下，预计到2022年，我国人工智能产业将逼近300亿美元。未来，我国人工智能技术层和应用层产业发展齐头并进，多样化应用引爆技术层产业进入快速增长期。在安防监控、智能家居等更多领域，人工智能将大有可为。

为机器装上“眼睛”和“耳朵”，人工智能耳聪目明

深圳富士康源康植物工厂的10多层种植架上，上百种蔬菜已经郁郁葱葱。这里安装着数以百计的高清摄像头，它们24小时不停歇地智能监控，实时洞察着蔬菜是否有异常发生。

通过埋在营养液中的传感器，大棚里的蔬菜或者花卉就会“说话”：大棚里温度高了它会预警，土壤湿度低了它会通知。利用物联网技术，检测仪可以把营养液的温度、湿度、氮磷钾含量等数据自动上传。可以设想，未来农民通过手机App实时查看，不下地也变得“眼观六路、耳听八方”。

如今，人们将听觉与视觉等功能赋予各种智能设备，如声纹识别、图像识别等技术，帮助各种设备更好地“看懂世界”，也帮助人们更好地与世界进行互动。

听觉：“工业听诊器”实时监控变压器

“家用机器人在与主人交互时，如果它能知道是哪位主人发出的号令，那么它就可以有针对性地提供个性化服务，而凭借声音，可以很好地分辨不同的主人。”声扬科技首席科学家张伟彬介绍说，把这项技术拓展开来，智能语音会议系统可以解决日常开会中“谁说了什么”，形成自动化会议纪要并节省人力。

声扬科技提供的远程身份认证解决方案，让退休人员在家就可通过声纹技术进行身份认证。“语音包含了很多个人信息，除了内容，还包括情感，通过声纹技术可挖掘更多语音价值。”

人工智能听觉技术，不仅可用于日常交互，在工业产线上也能派上用场。

2020年10月，科大讯飞“顺风耳”图聆工业云平台上线，基于讯飞在声音、视觉方面的技术积累，依托讯飞自研的声音、图像智能传感器，已落地广东并让工业变得更加智能。

以变压器运维场景为例。在传统的工业场景中，要判断变压器故障，常用的方法是通过人的耳朵去“听”。但是，通过人耳检测的缺点是显而易见的——人不可能24小时集中注意力去进行检测，有无经验对检测结果也会造成极大差别。而对于具备AI能力的“顺风耳”图聆工业云平台来说，这些问题都将迎刃而解。

借助平台中的讯飞工业听诊器，自动采集变压器的声音信息，再通过模型训练平台对这些数据标注，形成变压器声纹模型，对变压器的运行状态进行在线实时监控和预警，实现对变压器的智能化运维。

再以气体泄漏检测为例。气体泄漏时，泄漏点会因为涡流而产生超声波，这些原本肉眼不可见、人耳听不到的声波，通过声成像技术，会以图像形式呈现在屏幕上，让气体泄漏变得“看得见”，帮助维修人员快速找到泄漏点。

视觉：给产线装上“眼睛”查找缺陷

在富士康AI农业工厂，摄像头将发芽盘拍照后，对图片影像进行处理，进而撷取发芽形态轮廓；再通过计算与定位处理，自动计算出发芽率和对不良幼苗进行定位。对于不良幼苗，智能化的机械手臂可以进行适时移除。

针对叶片受损、叶缘黑褐化、叶片黄化、新叶溃烂等情况，通过智慧检测模型，可对病症进行侦测。除了给植物做“健康体检”，这套系统还能对植物做“生长预测”，即辨识植物生长与关联数据，找出适宜可控制之组合模型。

“传统农业仅有20%—30%的肥料有效使用，90%以上用水量流失浪费，而在智慧工厂，仅需传统农业10%的用水量。”工作人员介绍。

AR/VR领域、无人驾驶、智能安防、机器人等，机器视觉有很大需求，而机器视觉也被认为是人工智能的一个突破点。有数据显示，人类获取外界的信息83%是依靠眼睛，通过视觉人们可以看到实物的颜色、大小、状态以及形状，机器视觉同样如此，将设备采集的信息进行整合、处理、反馈进而做出下一步的操作。

富士康AI植物工厂使用了大量的摄像头和传感器

机器视觉率先落地，“第一股”即将见分晓

从智能手机的面部识别、人脸支付到工业机器人的精准避障、精确抓取……近年来，随着语音语义、图像识别、智能传感器等技术的进步，计算机听觉与视觉在工业生产与社会生活中的应用愈发广泛，市场渗透率持续提升，不再那么地遥不可及。

同时，无论是在制造业产业中，还是在交通、金融、安防等领域内，计算机视觉都在推动相关企业的加速转型升级。为此，该领域企业迅速成长起来，并获得了资本市场的高度关注与支持。

根据清华大学此前发布的《中国人工智能发展报告2018》，中国人工智能市场增长迅速，计算机视觉市场规模最大，仅在2017年，中国人工智能市场规模达到237亿元（机器视觉占比34.9%），同比增长67%。

2020年8月，广东证监会信息显示，国内“AI四小龙”之一的广州云从科技已办理辅导备案登记。除此之外，同属于“AI四小龙”的旷视科技与商汤科技、依图科技也纷纷放出消息，考虑于科创板挂牌上市。谁会成为国内人工智能计算机视觉第一股，业界对此颇为期待。

这也表明，一方面，人工智能须加快落地才能创造更多商业价值，而视觉的市场占比最大，另一方面，视觉是目前变现最顺利的人工智能技术。

让机器“心灵手巧”，人工智能“更懂你”

早晨出门去到公司，路径规划就已经发送到了车载大屏上；不怕忘带钥匙，“刷脸”打开车门；车上柔和的音乐响起，这正是自己最想听的……看似科幻片中的一幕幕，已经走入现实中。2020年11月20日开幕的2020广州车展，成为一场人工智能技术的大练兵平台。

人工智能不仅能“更懂你”，操作起来也更稳当。在2020年深圳高交会上，一款全自动的智能采摘机器人，通过深度学习后，可以在0.2秒的时间内识别一平方米范围里面的水果目标，然后伸出柔软的机械手采摘。

机器人正从传统的机械人向更聪明、更智慧的方向进化，而人工智能也让机器人更加“心灵手巧”。

优必选“人形机器人”能歌善舞

心灵：把被动服务转为主动服务

小到一座馆，大到一座城，未来都可以想你所想。在高交会期间，云天励飞和华为不约而同发布“城市智能体”战略，以数据为基础，融合5G、云计算、物联网等新一代信息技术，打造数据驱动、具有深度学习能力的城市级一体化智能协同体系。

“城市不仅需要智慧的大脑，还需要灵活的手脚，耳聪目明，血脉畅通，从而让城市成为一个可以自循环的有机体。”华为智慧城市总裁胡芳表示，未来每一个城市都应该是一个智能体，都可以自循环，走向更好。

在智慧城市之下，人工智能也变得更加“温暖”。在科大讯飞华南公司，工作人员向外界介绍目前公司正在研发的方向，其中包括情感计算。例如，用户在家里如何更好地获得温暖感、感受到人间烟火，不光是在线教学，让孩子们学习效率提升、焦虑感下降。另外，针对每一个老年人、每一个独居在家的青年人情感计算变得至关重要。比如，疫情期间，电话随访机器人在随访时，如果用户体温异常、咳嗽，机器的语气语调都要不同。

工作人员介绍，如果面对一个年轻人，他的工作节奏很快，机器人和他聊天的语速要很快；面对一个老人，则要慢慢多来几遍，语气、语调都要柔和一些，要跟着每个人的情感来对接。

欧姆龙株式会社研发中心AI控制研究室工程师刘晓俊说，在AI算法加持之下，机器人具备了“读心”技能，将可以更好地释放人的潜能。

手巧：机器人手眼配合完成柔性生产

人工智能不仅“更懂你”，还能更好地用双手服务于人。

2020年11月，在广州举行的2020天翼智能生态博览会上，基于高通机器人RB5平台打造的庞伯特拟人型乒乓球机器人，创造了新的“人机对抗”体验。这款机器人可以手持拍发球，并且具备专业选手才有的球技。

它不仅有灵活的机械手臂，还可以“眼观六路，耳听八方”。通过运用人工智能技术，它可判别对手的乒乓球落点、球速等，然后精准“还击”；同时，还能结合姿态识别技术，更好地判断人体打球的姿态及动作，从而实现对乒乓球运动轨迹的预测。

机器人灵活地与人在打乒乓球

由于整个活动的信息会存储在系统之中，大数据分析有助于提高运动员的训练效果，已应用于国家队和上海体育学院训练上。未来，它还可以结合对康复患者私人制定的“运动处方”。

除了生活场景，机器人更大的应用市场还在生产当中。11月17日，在非夕科技位于南海区狮山镇的车间，一批机器人灵巧地挥舞着手臂，抓取、对准、固定螺丝，整个过程一气呵成。当天，首批百台自适应机器人投产下线，这意味着其自适应机器人正式迈入规模化量产阶段。

非夕科技CEO王世全介绍，自适应机器人深度融合了工业级力控、机器视觉和AI技术，突破了传统机器人只能在结构化环境中完成基于轨迹的固定任务的局限，可以适应不确定的工作环境，通过像人一样的手眼配合来完成复杂的工作任务，以此来大幅增强生产过程中的柔性和生产力，这套技术可以广泛应用于汽车、电子3C、一般工业、医疗、物流等行业。“人工智能与传统领域的跨界融合，会不断催生科技发展的新业态、新模式。”云从科技南区总经理刘毅鹏说。

趋势：情感交互迎来产业机遇

人工智能像是“魔法师”，重塑着一个又一个传统行业。在广州云从科技创始人周曦看来，纵观前几次工业革命，都是技术对人的延展，例如最早的工业革命，自动化取代了双手，汽车取代了双腿，而人工智能则是对大脑的延展。

中科大机器人研究中心主任陈小平介绍，机器人的“机械+控制技术”经过几十年发展，动作精确性已经没有问题，新材料应用使“粗大笨重”的形象正在改变。如轻质高强度钢、碳纤维等新材料的普及，使机器人更加轻量化，轻质化+柔性化，使机器人应用突破传统的工业制造领域，在家庭服务、金融、医疗等领域派上了用场。

信息处理AI主要是情感交互机器人，产业机遇非常大，比如空巢群体、心理干预群体等等，国内有几亿用户群体而且不断地增长，其非常重要的一个功能是情感交互。

“情感交互一般是非封闭的，也很难做到封闭化，还有一个办法，就是采用新的标准，叫作‘人接受、人喜爱’，而不是‘超过人、战胜人’。”陈小平说，未来15年之内会出现这样一种机器人，非人、非物，亦人、亦物，第三种存在物，既不是人也不是物，这会对社会带来巨大冲击，这既是机会又是挑战。

人工智能为“智慧化医院”建设提速

“已到达，请护士取走耗材。”疫情期间，武汉协和医院西院区、雷神山医院、武汉大学中南医院以及广东多家医院，都出现了智能配送机器人的身影。根据测算，平均每台机器人在“履职”中每天要行走20公里。

赛特智能科技有限公司是广州一家智能无人驾驶设备全场景解决方案厂商。近年来，针对医疗场景，该公司推出了智能感控、配送、消毒机器人等多款产品。在年初新冠肺炎疫情最焦灼时刻，其打造的医疗机器人服务于国内数十家医疗机构，降低了医护人员交叉感染的风险。

以配送打开信息化切口

赛特智能董事长李睿介绍，疫情期间配送机器人最大的价值在于，能够最大化解决配送人手不够、误差率高等问题。“医院每天要配送大量药物，从药房到护士站，在层层递转中始终存在差错率，一些较好的医院将差错率控制在0.6%，而稍差些的则高达2%，一家三甲医院的年营收中位数约在40亿元，药品在其中约占三成，这就意味着每年有几百万元药品的差错率。”

李睿表示，与人工配送不同，在机器人配送中，从机器人收到医嘱，到完成配送，全程记录可追溯，实现了信息化的闭环。例如，机器人可以核对药品、确保放入机器人柜体的药物真实无误；只有指定的护士才有权限打开柜体。

这些“小精灵”减少了护士每天上下楼层来回跑的负担。“如果让护士从事低附加值的劳动，不仅辛苦，还会有很大的心理负担，而机器人可以做到任劳任怨。”李睿说。

而在疫情之后，配送机器人也将发挥重要作用。李睿表示，配送只是表象，这背后，通过对物资运输闭环管理的各个环节，包括实时定位和监控、实时数据采集扫描、实时的物品交接管理等，可实现智能运输与智慧医院信息系统互通，

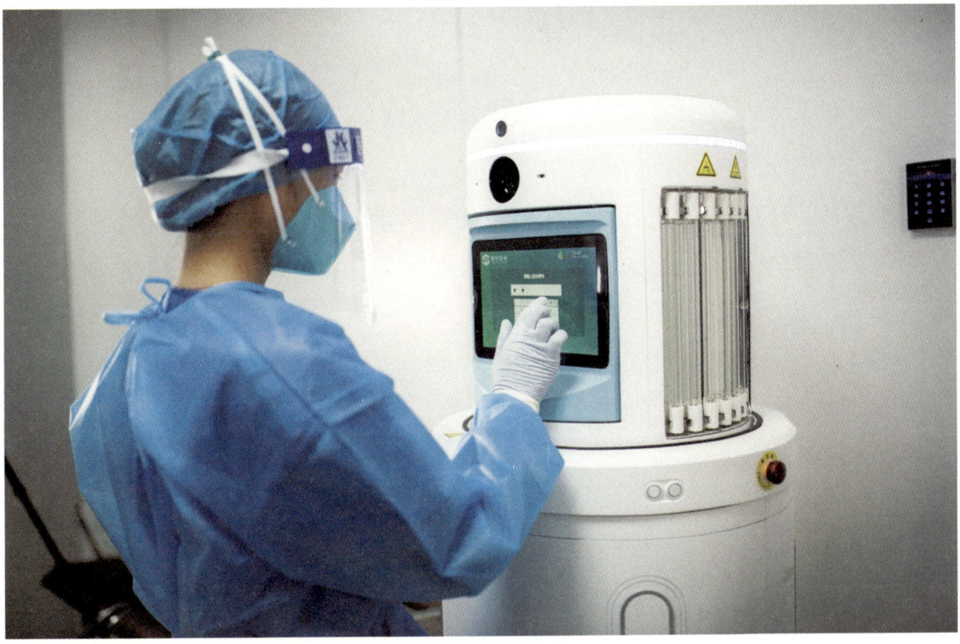

医护人员正在为配送机器人设定指令

实现从物品的装载至最终送达交接全过程中每个环节的信息化跟踪管理。

也就是说，疫情加速了“信息化医院”向“智慧化医院”的转化进程，人工智能及机器人技术已经成为不可或缺的重要助力。

回归基础层的研究

在广州海心沙广场，游客不时可以偶遇一位“超级扫地工”——一台无人驾驶清扫车，黄色的大刷子、亮眼的蓝色车身以及“无人”的驾驶舱。

李睿认为，医院配送机器人与低速无人驾驶小车，一个代表室内，一个代表室外，未来机器人的应用场景一定是要打通室内室外，实现无缝连接。“赛特智能要解决的两个核心问题是：我在哪里，要解决的是定位问题；我要去哪，要解决的是导航问题。”

无论是布局室内还是室外，李睿都感觉到，只有深入基础层，将定位、导航等核心问题解决了，才能谈实际落地应用，“至于外观好不好看、是三个柜体还是四个柜体，都是后续才考虑的”。

但行业普遍急于求成。在武汉疫情最胶着的时刻，李睿两次深入武汉，他就看到，雷神山、火神山医院的仓库中，堆满了大大小小不同品牌的各类机器人，最后真正开机并保证使用的并不多，工程师来了，医院反而还要去照顾这些机器和工程师。

“当时的环境一切都是陌生的，也没有多余的时间给厂商调试机器，这时候我们就深刻体会到了对底层、基础开发扎实的重要性。”李睿说，不少企业并不做基础层，底盘也是买来的，自身只是做集成，但在复杂情况下，每个医院的场景都不同，需要对底层技术进行修改，并灵活配置一些基础技术，而这些都是集成厂商所难以做到的。

“一个新品的Demo做出来可以很快，一两个月就行，但要在这个领域深耕，要考虑太多的因素。如何发现和解决问题，是一个比较长的过程。”李睿说，这些都并非技术所不能解决，但关键是能领先多长时间，因此要时刻保持向前的动力。

向前的动力来自哪里？在李睿看来，对场景的理解，正成为人工智能企业比拼的关键。好处是，国内广阔的市场应用，可为厂商积累足够多的数据，帮助企业回到底层研究。

李睿说，认准了一个行业就要做深做透。当时也觉得医院配送这个规模不会太大，但从全国范围来看，仅仅1300多家三甲医院的量就足够庞大。“不要动不动就盯着十万亿的市场，再大的市场也不属于你，而如果你能在一个千亿市场拿上一部分，市场也已经非常丰厚了”。

持续深耕细分领域，也正为赛特智能带来可观的回报。“我们第一季度已经实现盈利，也有望在2020年实现盈利。我认为找对了细分市场，也是可以盈利的，我也经常问自己，如果没有风投，企业是否能坚持下去？这些都意味着企业必须要有造血能力。”李睿说，在这个行业，很多企业都忙着跑马圈地，而有意无意忽略了盈利这个关键的事。

人工智能让城市“更聪明”

在广州南沙新图书馆“首个城市AI图书馆”，系统自动识别图书类型，机器人小黄车一边运输，一边精准完成上架。不仅如此，图书馆还可以实现书籍智能推荐和个性化服务，将原有的被动服务转为主动关怀。

这是广州云从科技在智慧城市应用“小试牛刀”的一个场景。刷脸取款、刷脸登机……云从科技从金融领域切入，并迅速布局至安防、民航、零售等领域，短短五年时间已位列全球计算机视觉市场前列，为用户带来智慧、便捷的AI生活体验。

2020年5月，云从科技与广州市政府达成“数字基建”合作，双方共建国内首个人机协同开放平台，打造广州智慧城市智能运行中枢。

从技术驱动到打通多样化场景

打造智慧城市智能运行中枢，这是一项庞大的系统工程。云从科技如何才能胜任？

“在城市管理的各个细分场景中，需要解决日常生活中各式各样的问题，深入到城市的每一个毛细血管中。”刘毅鹏表示，“仅仅是刷脸进出，只是提供了某一个方面的便利性，但如果是围绕几万人甚至十几万人的园区、商业体、社区吃喝玩乐的场景，则可产生更多的数据，这些数据的汇聚可以引发更多爆发性的价值。”他表示，单点数据并没有特别高的价值，只有将越来越多的数据汇聚在一起，把单个场景连成线。

2020年7月，云从科技推出行业级人工智能产品和能力平台——“轻舟”。这个平台几乎集中了云从科技所有的算法模型和业务特点，包括人脸识别、语音识别、图像识别、OCR识别等，可以接入各个行业的专业业务系统，使其原有的业务系统变得更加智慧化和智能化，为各行各业在AI技术上的发展应用赋能。

云从科技并不是以“颠覆者”的形象出现在传统应用中。例如对医院来说，从门诊到医保缴费，都是一整套专业的系统，而且是几十年的积累，“我们没有必要重新搞一遍，而是借助原有的软件提供商，融合我们的AI场景与技

云从科技为大兴机场提供“无纸化出行”体验

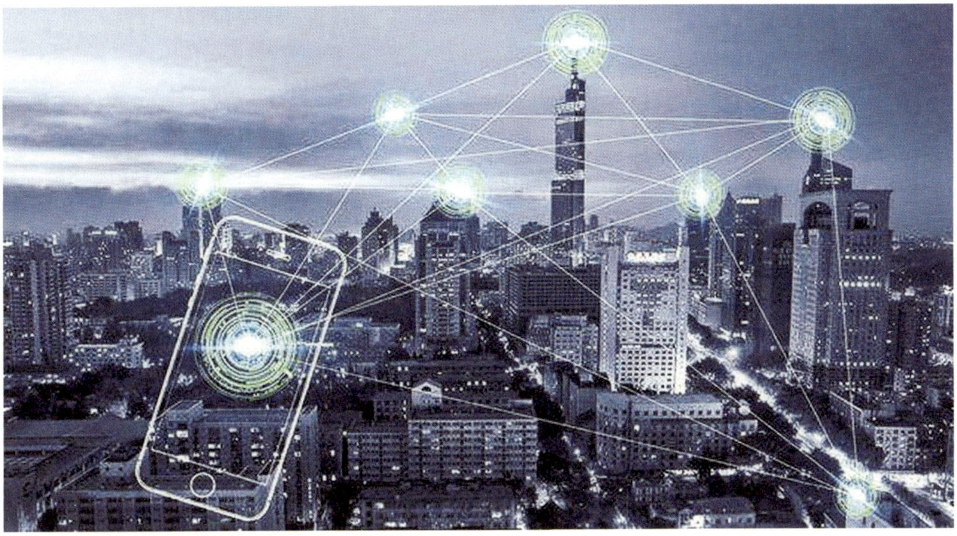

云从科技构建生态圈入局智慧城市

术，帮助他们实现更多服务”。

不过，包括BAT等在内的头部企业，借助庞大的数据、日渐完善的算法，也在加快跑马圈地。在此背景下，国内垂直领域企业、初创AI企业等如何直面这些企业的竞争？

刘毅鹏坦言，互联网平台并不缺数据和技术，但随着线下布局越来越重，互联网平台企业并不见得有更大的优势，且AI是一个很长的赛道，从大的行业看来，AI渗透还远远不够，大家都需要创造更多场景，不至于像传统行业那样，在竞争上陷入你死我活的地步。

而在另一方面，AI公司还面临异军突起的新势力从侧方崛起的竞争。刘毅鹏说，AI能力需要不断持续投入，这对小公司来说是一个很大的挑战。“免费算法可以直接拿过来用，但遇到突发情况，比如疫情，可能就无法持续升级迭代。”

“千帆”竞发探索价值生态圈

搭建平台，生态建设是成败的关键。“就好比苹果的生态体系，手机自有的应用也就几十个，我们不可能覆盖所有，而是应该借助合作伙伴的力量，上架不同的应用。”刘毅鹏说。

从技术公司到生态公司，这是一大转变。这个挑战来自内外部。过去，技术公司倾向于自己来做，但如果啥都自己做，就无法做到聚焦，这需要AI公司对自身定位有一个清楚的认知。

“当我们打算在某个行业落地时，就去一家一家谈，例如人工智能在图书馆实现机器人分拣、电子书架启用后，这套方式可以快速复制到文化馆、博物馆。”刘毅鹏说。这个过程，就需要很多合作伙伴一起来参与。

与合作伙伴一起碰撞的过程中，可以发现应用的场景越来越多，慢慢串点成面，形成一套完善的解决方案。云从科技得以和合作伙伴共同成长。

刘毅鹏表示，有很多意想不到的生态合作伙伴应用，例如有服务消防领域很久的开发者，借助摄像头推出火苗识别的算法和应用，还有更多意想不到的开发，比如桌球计分等更多的长尾应用。

在开发推出“轻舟”平台的同时，云从科技也发布了“千帆”合作伙伴计划，携手跨行业跨地区的合作伙伴，构建应用于智慧城市的价值生态。

把“水稻”加工成“茅台”，智能制造“活化”数据

在广州博创智能装备公司靠墙的一面，一排可容纳3000多个库位的立体仓引人注目。每一个“寄存”在立体仓的原料背面都贴有一个二维码，从入库到出库，全程都可追溯。

但博创智能制造首席工程师黄士荣对此还不是很满意，“如果换作是今天，我们可能连这个立体仓都不会建了。所有原料的抵达都精准到2个小时内，然后直接进入生产线。新建工厂如果还设有很大的仓库，这说明效率不够高，库存占用了很大的资金”。

这是人工智能赋能传统制造业的一个缩影。博创近几年正加速从注塑装备生产企业向注塑行业智能化平台服务商转型，并在2018年初推出自己的工业互联网平台。根据计划，到2022年，推出人工智能注塑工艺专家系统，让机器建

立知识自动化推理框架。使注塑成型过程知识自动化，实现故障预测和自我诊断、自我适应。

让手机壳不发黄？万千方案找最佳组合

注塑，听起来非常传统的一门行业，指的是将塑料利用模具制成各种形状的塑料制品，它与日常生活息息相关，手机、相机、矿泉水、笔等都是注塑加工出来的。

在博创的展厅，摆放的展品琳琅满目，从美的、海尔的家电外壳，到日产的门板、奥迪Q5的保险盖，甚至一次性医疗注射器、细菌培养皿等等，应用市场非常广泛。

面对庞大的生产线，利用人工智能技术成为制造业企业走向智能化、信息化升级的关键驱动力。

人工智能提了很多年，在制造业领域始终没有广泛普及。转机在于，借助5G、云、AI等技术，生产环节有了海量的数据，通过机器自学习，不断在工艺上调优，让行业看到了人工智能在智能制造中应用前景。

黄土荣掏出手机，指着手机壳说，对很多用户来说，几乎都有过这样的体验：白色塑料手机壳刚用时都是透明的，但用着用着就发黄变色。

“以前要做一个手机壳多是凭经验，其中要用到不同的PP材料，需要经验摸索，但到底合不合适，有很大的不确定性。”黄土荣说，实际上，不同的配方和注塑工艺，组合起来有将近上万种方案，但哪一种是最佳组合，经验也不可靠，而通过对注塑工艺过程控制研发的智能分析，可以更快找到最佳组合。

黄土荣说，以前可能是20年的老师傅才能做好，但通过人工智能工艺系统，也可以在短时间获取相当于20年老师傅的经验。

人工智能的应用，不仅是让生产、管理质量提升，还能让交货周期缩短，从而提升企业的活力。“降低成本有很多方面，比如改善浪费都有很好地促进作用。制造业竞争比较激烈，谁能更快导入智能化生产，谁就能在市场竞争中有力的武器。”

博创智能工厂

挖掘数据潜能，像“水稻”加工成“茅台”

人工智能深入传统制造业腹地，仍然面临诸多挑战。

“制造企业那么多设备，投入也不是一天两天了，是几十年持续投入下来的，老旧设备怎么办，不是说想改变就能改变、说扔就扔的。”黄土荣说，制造业企业最缺的就是大数据分析，这些数据从哪里来，让企业备受困扰。

“数据采集也是一个漫长的过程，数据如何贴标签也是难点，涉及工业机理和数学模型，最终数据产生、得到怎样的应用，都需要进行深入分析。”黄土荣说。

这需要打消客户对数据采集的顾虑。“客户为什么愿意开放数据给我们，因为我们构建了行业的知识库，企业虽然关注数据的安全，但也同时会关注，如何更好活下去，产生更好经济效益。”黄士荣说，工业数据和用户数据剥离、经过脱敏，博创收到的是机器的数据，用于自动诊断和排查，这对企业来说是安全的。

他打了个比方：“数据就好比客户的水稻，我们将水稻加工成面包给到客户，他们自然就愿意购买我的面包了。而我还希望将水稻加工成茅台，可以卖出更高的价格，数据的价值还有待提升。”

发展至今，博创的智能制造分为两个方面：自身制造注塑机的过程实现智能制造，以及帮助客户实现智能制造。

黄士荣说，未来公司除了坚定做注塑装备这个主业外，也将继续加强做强注塑过程的数据分析，尽管后者目前年营收只有3千万元，约占总营收的3%，但利润占比则到了20%。未来5年，这部分营收占比有望突破3亿元，利润可能会超过单纯的销售设备。

值得一提的是，智能制造的升级，也推动了智能制造人才的升级，黄士荣

博创一角，可容纳3000多个库位的立体仓

介绍，传统制造业很难吸引高端人才，而借助人工智能、大数据、工业互联网等技术，企业招聘也更有吸引力，2020年尽管受疫情影响不小，但博创仍新招聘了一批名校研究生，在博创，员工人均产值已超过100万元。

（撰稿：郜小平　许隽　严慧芳）

第三章 新趋势

第一节 新模式——数字化转型推动千行百业再进化

■ 核心提示

隔离在家，“云端”互动，“宅经济”带动产业持续增长；不出村口，争当“网红”，直播带货助力销售逆袭；抱团取暖，打掉“围墙”，订单、用工皆可共享……疫情虽然来势汹汹，但在数字化发展的创新推动下，办法总比困难多。新经济、新模式迅速“补位”，打开了不少产业新风口，也为经济发展带来了新活力。

数字经济新模式加速与产业融合

数字经济催生新岗位。以互联网、大数据、云计算、人工智能等为代表的新一代数字科技与实体经济日趋融合，新模式层出不穷。

在广东，数字经济正成为稳就业、促就业的新引擎。数据显示，2020年3—5月，广东新就业的多项指标全国领先：淘宝直播新增主播数全国第一，淘小铺新增掌柜全国第一，云招聘求职者全国第一……

在广东，数字经济新模式呈现四方面发展态势：第一，线上服务新模式蓬勃兴起，激活消费新市场。第二，产业数字化加速转型，壮大实体经济新动能。第三，新个体经济快速发展，开辟消费和就业新空间。自主就业、副业创新、灵活用工等生机勃发，进一步激发了市场主体创新、创业、创造的内生动力和创造活力。第四，共享经济新业态不断涌现，创造生产要素供给新方式。

打破数据壁垒，将“沉默的数据”转化为生产要素

2020年10月，中共中央办公厅、国务院办公厅印发了《深圳建设中国特色社会主义先行示范区综合改革试点实施方案（2020—2025年）》，提出了六个方面的改革任务，其第一个方面就是完善要素市场化配置体制机制。

方案指出，加快培育数据要素市场。率先完善数据产权制度，探索数据产权保护和利用新机制，建立数据隐私保护制度。试点推进政府数据开放共享。支持建设粤港澳大湾区数据平台，研究论证设立数据交易市场或依托现有交易场所开展数据交易。开展数据生产要素统计核算试点。

近年来，广东在“数字政府”建设上走在全国前列，疫情防控期间，通过大数据，“粤省事”“粤商通”等平台在疫情防控和复工复产等方面发挥重要作用，提升了要素数据的配置。

对于整个工业互联网来说，数据是基础，也是关键的生产要素，是各类资源的核心载体。在现在的制造业中，存在很多无法被定量描述和分析的问题，大数据可以帮助企业以数据为切入点，挖掘问题生成的原因，快速精准地提供解决问题的方案。

然而，我国企业特别是中小企业的数字化水平较低，数据显示，有超过55%的企业尚未完成基础的设备数字化改造。制造业中小微企业发展较为粗放，税后利润仅为3%—5%，无法承受数字化转型和新技术应用的高昂成本，因此中小企业缺乏数字化转型的动力；此外，呈爆炸性增长之势的工业互联网数据，却还被孤立、分散、封闭等问题限制，制约了数据价值的高效利用。

对于工业互联网来说，数据是关键的生产要素

数据某种意义上也是一种权力，将散落在内部的数据重新打通流动，实际上是组织权力结构的一次重新划分。比如，很多老师傅，加工某一个零部件，积累了一辈子的经验，这是他的立身之本，自然会对数字化有抵触情绪；底层数据被打通后，烦琐的审批不复存在，人力资源也就要从流程性事务，重新定位成产品部门和战略部门，这对员工来说也是一次挑战。

工业“拼多多模式”重塑商业版图

工业互联网作为制造业数字化转型发展的基石和关键路径，正推动着多个领域生产方式、产品形态、商业模式、服务方式的深刻变革。

树根互联与宁夏共享集团共建的工业互联网平台，打造了新的产能共享模式。宁夏共享集团提供3D打印模具服务，客户可以通过平台在线下单，平台接受订单后联动打印机自动打印、送单。

格创东智在湖北给一家汽车零配件厂商提供产线，配件厂只需要以租赁方式使用，当越来越多用户使用后，该平台的使用成本就大幅下降。

“工业拼多多”将零散的需求整合拼接在一起

一说到智能制造就想到产线或者制造过程的优化，但其实很多制造企业不一定是在制造环节有“致命伤”，更多时候也不是订单能力或者产品竞争力不够，而是对客户、对市场了解不够、反应不够，或者说产业链整个链条上对上下游企业的反应时间不够。

从生产环节向设计端和营销端延伸，推动企业在更大范围掌握信息。以腾讯为例，在其玲珑轮胎项目中，传统轮胎行业链条复杂，上下游信息没有实现互通，缺乏产业链各环节的大数据积累，严重影响应急过程中的供需与精准匹配，针对这些痛点，腾讯帮助企业从生产、管理及营销全过程优化出发，把数字化推进到研发、生产、营销、售后、服务等环节，打通产业链上下游企业数据通道，实现硬件、软件与服务三位一体。

工业互联网可以从多个层面去帮助企业获得订单。王洪岭介绍，通过搭建区域和行业的工业互联网平台，连接行业内的中小企业，实现订单需求和产能的动态衔接，能够在一定程度上有效解决“大企业吃不了，小企业吃不饱”的问题。

同时，通过工业互联网平台打通产业链，解决产业链上下游的协同生产能力和定制化生产能力。美的旗下美云智数平台就将生产信息发布到平台，供应链的企业能够在第一时间获得美的集团的生产成品计划，美的直接把关键零部件需求信息提供给供应商，这些供应商因此可以缩短反应时间，大大节省整个供应链的生产周期。

“疫情期间，工业互联网服务商搭建面向电子、服装等多个行业的供需对接平台，把零散的需求和能力拼接在一起，形成网上‘拼多多’模式，为企业找到了很多订单。”王洪岭说。

“共享用工”调余缺　力保用工稳就业

灵活就业因其规模大、空间大，成为稳就业的重要途径之一。厨师、健身教练、外卖骑手，这些拥有一技之长的劳动者如何能够快捷寻找到合适岗位？“共享用工”应运而生。

2020年2月，广东省人力资源和社会保障厅副厅长葛国兴介绍，广东建立24

小时重点企业用工调度保障机制，加大企业用工保障力度。

通过企业间用工互助、行业间用工调度、人力资源机构用工调剂、本地区劳动力存量盘活、省内劳动力资源开发、省际劳务对接协作、鼓励平台共享人力资源、发动各方力量驰援等八大措施保障各类生产企业的用工需求。

仅在2月，在市级用工调剂层面，广州云海肴、西贝、探鱼等餐饮品牌达成“共享用工”合作，组织1800多名员工加入盒马鲜生公司；江门发动206名技工学校学生，支援广东海信电子有限公司复工复产。

东莞市于5月正式上线企业“共享用工”信息平台，针对企业和员工普遍关注的问题进行解答，集中信息优化市内人力资源配置，纾解企业用工难题。当月，东莞全市就有288家企业开展“共享用工”对接。

10月，人力资源和社会保障部办公厅发布了《关于做好“共享用工”指导和服务的通知》，针对大家关注的“共享用工”到底谁来发工资的问题，有了较为明确的界定。

该通知提出，“共享用工”不改变原企业与劳动者之间的劳动关系，劳动报酬由缺工企业结算给原企业，再由原企业按时足额支付给劳动者，并为劳动

C2M成为信息技术与制造业深度融合下的新型生产模式

者缴纳社会保险费。由此可见，该通知对于“共享用工”期间工资由谁发放，工伤事故如何赔付等都有了明确的约定。

借力阿里“犀牛”，都市丽人玩转智能制造

按需、数据、智能，在需求高度碎片化的场景里，制造业应该长什么样子？2020年9月，阿里的新制造一号工程“犀牛智造”亮相。犀牛智造根据零售端的数据，从客户需求出发，运用云计算、IoT、人工智能等技术，连接销售预测和柔性制作的工厂。

阿里创始人马云说，新制造的标准要关注是不是按需定制，是不是个性化，是不是智能化，是不是你知道你的客户是谁，你消耗的生产资料里有没有数据。都市丽人作为全国市场占有率最高的内衣品牌，已率先与犀牛智造联动，将犀牛智造纳入都市丽人的快反体系和营销体系。

20世纪初，“福特主义”开创了规模化、标准化、机械化、自动化的流水线生产，福特汽车公司在三年内，由年产788辆，跃进到73万辆，每10秒钟从它的传送带上走下来一辆新车。福特主义不仅生产了汽车，而且生产出一套方法，对世界范围内的制造升级带来持续深远的影响。C2M（用户直连工厂），则成为新一代信息技术与制造业深度融合下的一种新型生产模式。

从裁片到成品仅需15分钟

女性内衣产品不同组成部分相匹配的是繁杂的面料和工艺，其生产工艺的复杂度是量产服装中最高的。都市丽人内衣销售遍布全国，有约5500家门店，对更快速、更个性化、更智能化的新制造有着迫切需求。将犀牛智造纳入都市丽人快反生态圈，将有利于都市丽人在升级自身快反生产体系的同时，利用犀牛智造工厂方面的优势。

都市丽人通过引进原材料制作的自动涤棉流程、3D立体切割机、精益推筐吊挂车间、车间信息化保障管理系统、5S标准的备料车间、智能自动肩带肌等，运用智能化设备及流程管理，使得工人数量降低60%，人工产能效率提高三

都市丽人在全国有约5500家门店

倍以上，流程时间缩短一半左右，人均产能平均提高15%，品质合格率达到了97%以上。

快反生产线，从投入裁片到成品产出，仅仅只需要15分钟时间，而传统生产模式的流程时间长达三天。

都市丽人供应链事业群总监肖伟称，常规的内衣是春夏一季、秋冬一季，开发周期大约6个月，都市丽人除了常规类的开发周期，还有快反模式，快反模式下，一旦发现好材料、好技术、好款式，就能快速以快反投入市场。

2020年半年报显示，2020年6月和7月都市丽人上市的部分新产品，在30天内售罄率达到50%或以上。得益于供应链管理、商品研发、商品运营综合能力提升，上半年毛利率增长至48.7%。

都市丽人为何将犀牛智造纳入快反生态圈？犀牛智造工厂实际上是一个数字化工厂，每块面料都有自己的“身份ID”，进厂、裁剪、缝制、出厂可全链路跟踪；产前排位、生产排期、吊挂路线，都由AI机器来做决策。都市丽人的生产模式接入犀牛智造后，也朝这个方向发展，利用云计算、物联网、人工智能等技术，改造了产线，实现柔性化生产。小则能匹配面料和工人，大则调度一个工厂群，形成协同化大生产。通常服装行业的生产模式是平均1000件起订，15天交货，在犀牛智造的模式下，一条生产线能同时处理几种不同的订单，能够实现100件起订，7天交货。

“以销定产”，电商爆发有望超预期

相比传统制造厂，犀牛智造最大的特点是，能利用数字化技术按需生产，以及提升生产效率。按需生产，即打通消费趋势分析、销售预测和弹性生产，从过去的“以产定销”变为按需生产的“以销定产”。

都市丽人快反体系与犀牛智造链接之后，可以通过阿里的电商平台获取更多消费趋势和消费热点，为快反生产提供动力，此外，还能引入优质IP合作及配套服务体系，第一时间、最大限度地将IP和内容的热点转化成衍生商品的热度，再与淘宝和天猫进行多种形式“打通”的探索。

根据2020半年报的数据，都市丽人电子商务的销售较2019年同期已经增长约18.1%，达到3.82亿元。

阿里表示，“未来3年天猫平台上将有1000个新品牌实现年销售过亿，100个新品牌实现年销售过10亿”。犀牛智造通过直通中小工厂、砍掉品牌溢价、更有针对性地生产，帮助电商平台实现这一目标。

“滴滴找设备”让产线价值最大化

手机扫描墙上的二维码，输入几个文字并按下“确认”，一道亮眼而又转瞬即逝的光电闪过，一块黑铁片上即呈现出刚输入的几个字。在位于广州琶洲的树根互联总部，自助打标功能引起来访者的注意，它就像“身份证”一样，是工业互联网连接不可或缺的一部分。

树根互联的诞生，正是发端于连接。其最早脱胎于三一重工，除了为三一重工本身连接的20多万台设备服务，树根互联逐步走出工程机械，为其他行业提供连接服务。

工业互联网推动降本增效。以三一重工为例，2019年8000多台设备没有增加过一台设备，树根互联反而帮助封存了700多台设备。

截至2020年10月，树根互联已接入各类工业设备69万台，打造了包括工程机械、环保、铸造、注塑、纺织和定制家居等在内的20个行业云平台，赋能达81个细分行业，连接超5000亿元资产，并为全球45个国家和地区的企业提供服务。

工业互联网也让更多中小企业受益。“我们的客户九成以上是中小企业。”树根互联市场总监骆凌雯说，不少中小企业通过使用工业互联网，逐步走上了从卖产品到卖服务的转型。

脱胎于三一，从连接起家

对树根互联来说，转型工业互联网是一次厚积薄发的过程。当时，三一重工的设备遍布全球各地，而工地往往又很偏僻，设备出了故障，都要派出维修工程师实地勘察，费时费力成本又高。

于是，三一重工在设备上安装GPS、传感器等智能元器件，线上诊断故障，小问题直接电话指挥解决。正是这些设备连接、数据分析，构成了工业互联网的基础。

工人为产线加装传感器，机器人有了“眼睛”和“耳朵”

借助大数据和物联网技术，三一重工销售出去的工程机械设备，每挥动一铲、移动一步，都有数据传回来，实时可查。

工业互联网的一大显性价值，是可以帮助提高资产利用率、解决工业劳动力供给等。一份数据揭示，基于树根互联平台上近200家工业龙头企业的开工率统计，2018年设备的有效开工率不超过28%。而以三一重工厂内设备联网后的下料环节为例，工艺专家实时分析设备连接后采集到的数据后发现，只要将原本认为产能不足的下料设备利用到位，不仅不需要外协单位的支持，还有30%的富余产能。而全面连接厂内1万多台设备的总投入不到1000万元，远低于所取得的收益。

三一重工的这套方式在跨行业跨领域复制时，也探索出一种新商业模式，树根互联为行业龙头提供底层技术平台，向其收取服务费，行业龙头以行业应用服务其行业内企业，向他们的客户收费。服务费按照管理设备的数量、所用通信费用、流量费用和对云平台资源的占有量收取。行业伙伴服务客户的蛋糕越大，平台收取的服务费越多。

通过对设备的监测，企业从“卖产品”到“卖服务”转型

产能共享，重塑新商业模式开拓新业务

工业互联网带给企业的不仅仅是效率的提高，很多企业已经开始在思考如何利用工业互联网的技术和理念，重塑原有的商业模式，找出新的业务增长点。

目前全国工业装备的开工率一般低于40%，“树根互联可以提供类似‘滴滴找设备’的设备共享服务，对接设备需求方与提供方。我们以最快的时间最低的成本按需使用服务，帮助企业做数字化转型，往往这样的成本会更加低。”贺东东说。

优力电驱是锂电池BMS控制系统的研发创新公司，在此之前，该公司瞄准了数量众多的个人电动车用户，但工业互联网平台运营模式启动后，通过大数据分析，很快识别出了普通和重度不同用户画像，比如外卖、快递小哥。

“于是这家公司就开始转型，直接与快递企业谈，将电池以租赁方式实现管理。”骆凌雯说，锂电比铅酸环保、寿命长，但价格偏高而很难被推广，这家企业由此从“卖产品”到“卖服务”的转型。

再如缝纫机行业龙头杰克股份，将缝纫机设备联网按需租赁，按件计费，降低了下游加工厂的资金压力，同时，基于对下游加工厂设备使用情况的掌控，为其提供较低利率的贷款等金融服务。

帮助设备商从卖设备转向卖服务，树根互联将这条升级路线称作“小快灵”。“我们最小的单子才几万块钱，而这个价格是制造企业是愿意去尝试，也是可以承受的。”贺东东说，通过几台设备、十几台设备的尝试和使用，发现它有价值有用，再去上量再去增加，“门槛非常低，企业可进可退，觉得用得不好就不用了，不交钱，觉得用得好就可以商量”。

“共享用工”走红背后，平台打通供需“任督二脉”

在中小企业担忧“用工荒”的时候，盒马在2020年2月12日宣布，将率先开启新一轮招聘，开放3万个岗位，包括总部采购、技术、运营，以及一线门店小二、配送小哥。在此之前，盒马、京东、饿了么等平台已推出“共享用工”计

“共享用工”有助于解决用工难问题

划，欢迎友商的待岗员工来“上班”。

岂曰无衣，与子同袍。“共享用工”、共享供应链、共享能力……疫情之下，中国新经济企业与传统企业的碰撞正在加速，快速进行内部调整以减少损失，同时创新合作方式。这些“破次元”场景的出现，归根结底，是特殊时期经济链条中的每一个个体对于生机的把握。从中也可以看到中国企业身处危机时的态度和应对危机时的能力——在风险中承担社会责任，在困厄中寻求破题的创新路径。

“共享用工”：创新企业用工模式

截至目前，已有包括阿里、京东、苏宁、美团、饿了么、每日优鲜、联想、海信视像等在内的科技企业发起了与餐饮、制造业等企业“共享用工”的计划，永辉超市、三江购物、步步高等上市公司也纷纷发出“借调令”，招聘因疫情而无法复工企业的员工。

调整用工策略速度之快，可以看出中国企业的生命力。多数人不知道的是，盒马打响“共享用工”的第一枪，从决定到公布新方案，仅用了一天时间。

中南财经政法大学数字经济研究院执行院长盘和林指出，在暂时劳动力过剩的传统餐饮业与暂时劳动力紧缺的新兴电商零售平台之间，激发了劳动共享，传统餐饮企业、电商零售平台和员工三方都解了燃眉之急。可以说，通过“共享用工”这一模式，让人力这一重要资源得以实现流动，有效提升了资源配置效率，也恢复了一定的社会产出水平。

餐厅服务员可以“转行”成为外卖配送员，或者在商超做拣货员……餐饮企业鼓励员工“不务正业”，新经济企业整合资源提供岗位，保住人，就保住了疫情后快速恢复生产的根本。

共享能力：最硬鳞片造就新商业模式

科技力量的发展在不断打破着企业之间的界限，突然发生的疫情从外部进一步打碎了原有的芥蒂和壁垒，能力共享连接起企业共渡难关的桥梁。而搭建着桥梁的木板，则是身处不同行业的企业从自己的长处中抽取而来。

蚝油牛肉、清炒虾仁、鱼香肉丝……知名餐饮品牌新雅大厨的拿手菜在后厨制作成为半成品速食后，通过京东生鲜送到了宅家的市民餐桌上，尽管门店客流量较少，但是新雅大厨春节期间成交额达平时的40多倍。

2月6日，京东集团副总裁、7FRESH业务负责人王敬在社交平台宣布，京东生鲜发起“餐饮零售发展联盟”，紧随其后，包括海底捞、西贝莜面村、东来顺、哈根达斯、广州酒家、狗不理在内的100多家餐饮企业加入。

京东生鲜肉禽冷冻采销部总经理王志强表示，这一举措也为餐饮产业开辟了新的增长空间，让餐饮产业摆脱地域和店面局限。比如，餐饮“速食”商品可实现京东生鲜、7FRESH旗下超市等全渠道销售，其覆盖范围不仅打破了传统餐饮业门店和外卖的3公里限制，甚至延伸至全国市场。

用创新的智慧克服眼前的障碍，用发展的眼光开启全新增长。疫情虽然冲击了部分传统企业，但也是促进传统企业与新经济企业的创新合作方式的契机。传统与创新的融合，也将探索出一种抵御不确定性冲击的商业模式。

共享渠道：供应链的柔性演变

“今天下单，明天就能到你的餐桌上，就是这么给力！”“这样的草莓你吃到嘴里还不心动吗？”在直播间里，主播正在卖力介绍大凉山奶油草莓。

2月正是草莓产量高峰，但凉山州王所镇的草莓种植户地里的草莓因为疫情却没法运出去。在这样的背景下，多家企业帮助受疫情影响滞销的农产品走出“田间”，打通销路。

京东开启“全国生鲜产品绿色通道”，淘宝吃货则上线“吃货助农”频道，上线3天销售农产品已超过300万斤，此外，拼多多也上线“抗疫农货”专区。

丹东的草莓收购商没法上门？那就整合物流能力送到消费者手中；三亚的芒果运不出来？那就尽可能调配运力……在这场水果保卫战中，新经济企业去到田间和农户共享渠道和上下游供应链，可以看到中国企业供应链的柔性演变和中国经济所具有的韧性。

（撰稿：郜小平　赵兵辉　彭颖　叶丹）

第二节 新业态——数字化催生产业新商机

■ 核心提示

数字经济赋能产业转型升级，应用场景不断丰富。通过数字化赋能，实体经济各行各业都在变革中涌现出发展新活力。在工业领域，工业互联网已经成为产业赋能的重要载体；在服务业领域，以共享网络平台为组织形式、以信息技术为手段的资源配置优化的新形态层出不穷……

展望未来，数字经济与千行百业的深度融合将是中国经济发展的大趋势。千行百业为数字经济发展提供了广阔而丰富的应用场景，数字经济快速发展不断赋能千行百业，成为推动传统产业转型升级的重要引擎。

5G、云、AI等“黑科技”的碰撞和融合正为社会带来数字溢出效益。从微观层面上看，它们是企业构建数字业务体验平台、政府服务模式创新的重要保障；从宏观层面上看，新兴科技加速农业、工业、服务业三大产业供应链的智能化，将数字产品和服务的理念从最初的生产者传递到最终的用户。

可以说，数字化正催生产业新商机，进而带来数字新生活，推动居民消费升级。在这个过程中，在线新经济、数字新业态是重要表现，本节将聚焦数字经济大省在在线新业态发展上如何构筑数字新生活。

广东在线新业态构建消费新局面

以互联网平台为核心，依托5G、大数据、云计算、人工智能、区块链等智能交互技术，以线上资源整合推动线下生产、生活组织方式重构，在线新业态正助力数字经济的发展，推动释放消费潜力，促进传统产业转型升级和国内消费市场扩大。

远程办公、云端医疗、在线教育等新业态层出不穷，无接触配送、自助服

产业数字化在千行百业中催生了新机遇

务、机器人服务员等各项人工智能技术不断营造新的智能消费场景，例如，疫情期间，“云办公”赋能企业复工复产，在线办公成复工主流；近年来，我国在线政务加快发展，政府服务效能不断提升，各地数字政府建设经受住了疫情考验。

在全国范围内，在线教育方面，据艾瑞咨询统计测算，若不考虑疫情强制将教学场景转为线上而线下复课后仍将回归线下的市场，2020年中国在线教育市场规模约4003.8亿元，同比增长24.1%。

远程医疗方面，在国家政策推动、技术的支持下，我国远程医疗市场规模出现明显增长。2018年，我国远程医疗市场规模超100亿元。5G技术在远程医疗中加深应用、移动医疗终端普及、医疗物联网发展、医疗机构参与度提高，将推动远程医疗规模的持续扩大。2019年，我国远程医疗市场规模约为130亿元。

在线办公室方面，远程打卡、云端开会、实时共享……疫情以来，这样的办公场景越来越多，在线办公的用户数量和市场规模显著提升。在线办公的快速发展，不仅拓宽了数字化生产生活场景，助力企业降本增效，更为拉动经济开拓新增长点。

工信部数据显示，据不完全统计，2019年全国新增上云企业超过38.8万家。iiMedia相关报告显示，2019年我国智能移动办公市场规模达到288亿元，预计2020年将达到449亿元，增长率为55.9%。在线办公市场爆发，且随着用户

2017—2021年中国智能移动办公行业市场规模统计与增长情况预测

习惯逐渐养成，其市场潜力将进一步释放。

疫情催生南粤大地上新的消费业态、消费模式，如远程医疗、在线教育等，这些领域，正在形成新的消费增长点。

广东拥有广州、深圳两个创新型城市，顺应新形势下数字经济的发展趋势，大力培育新业态新模式。

作为数字经济大省，广东大力推进数字技术对产业链、价值链的协同与整合，引导和促进在线新业态的健康发展，为相关领域营造积极条件。广东省通信厅数据显示，以2020年第一季度为例，与互联网相关的经济表现活跃，电子商务、在线学习、远程问诊等较快发展，电子商务平台技术服务收入同比增长10.1%。

目前，广东已出台应对疫情影响进一步促进信息服务和消费、发挥数字经济助推高质量发展重要作用等若干措施，支持发展共享经济、新零售、在线消费、无接触配送、在线教育、远程办公等新业态，推动建设100个以上面向垂直领域的5G应用示范场景，大力推进智慧医疗、智慧农业、政务服务、智慧交通等领域的5G应用。

2020年的第127届、第128届广交会，就是广东大力培育在线新业态的一个案例。10月，为期10天的第128届广交会在“云”端落幕，本届广交会吸引了来自226个国家和地区的采购商注册观展，近2.6万家参展企业上传展品超过247万件，参展企业云展厅累计访问量789.26万次。同时，还有1.37万名境内采购商注册观展，累计向参展商发起即时沟通5.78万次。借助“云”端，第128届广交会成为畅通双循环、内外贸并进的重要平台。作为中国重要的对外盛会之一，广交会搬上云端，越来越多企业参与双循环，更好利用国际国内两个市场、两种资源，实现结构更科学的可持续发展。

在线教育井喷，疫情期间停课不停学

疫情之下，传统的线下教学模式面临挑战，“云课堂”成为各校教师授课的新选择。统计数据显示，2020年春节期间登录相应平台进行在线学习的师生人数，达到了2019年整体的128倍；仅2月10日全国部分普通高中“云开学”首日，就有超过2亿人参与“网课”学习。

“新冠肺炎疫情是一场灾难，但疫情的暴发，却给在线教育带来一个意外的发展契机。”广州市社会科学院产业经济与企业管理研究所副研究员陈峰认为，疫情之下，一场围绕在线教育的，全社会范围内“前所未有”的宏大实验已经开启，“在线教育的风口已经来临。”

自全国实行“停课不停学”以来，在线教育的热度一路攀升。“当老师适应了主播”“我上网课的状态”“第一次上网课是什么体验”等相关话题先后登上微博热搜榜，迄今已引发超过5亿人的关注，有近50万名网友参与了话题讨论。

“替补”上场，千万学员涌入直播课堂

疫情防控期间，各类聚集性线下教学活动被叫停，取而代之的是以网络研修、线上辅导和在线视频对讲等形式出现的“线上教学”模式。广州智慧教育公共服务平台高中课程，以及小学、初中等相关课程分别于2020年2月10日、17日开通。

“我们这段时间一直在马不停蹄地进行平台技术维护、教师培训等工

作。”腾讯教育副总裁陈书俊告诉笔者，2月10日原本是广东等部分省市普通高中开学的日子。为落实“停课不停学”，当天有数千所学校、教育机构借助腾讯课堂开课。为确保平台稳定运行，他和团队在9日晚几乎彻夜未眠。到了10日上午，尽管已有心理准备，但他还是被迅速涌入平台的师生人数吓了一跳。“仅一个早上参与线上教学的师生人数，就达到了9日全天的三到四倍。”

另一在线学习平台的客服小莫透露，仅仅在10日早上8点到9点一个小时内，全国就有超过500万名学生接入平台“云课堂”。“真是史无前例的，我们从早上一睁眼到现在，一直不停地在为省内各高校教师们答疑。”除此之外，也有不少学校及教育机构，鼓励学生通过新东方在线、网易有道、VIPKID、学而思、跟谁学等在线教育平台进行网上学习。

“2020年春节期间，使用腾讯课堂进行在线学习的师生人数，相比2019年整体增长达128倍。”陈书俊表示。

自2020年1月底全国落实“停课不停学”以来，“在线教育”热度居高不下。仅2月10日一天，在腾讯课堂、学而思网校、猿辅导App平台参与“线上学习”的就超过2亿人。

线上教育期间，广东省实验中学教师在家认真备课

政策东风，千亿在线教育迎获客高峰

事实上，作为互联网技术及传统教育模式充分融合的产物，在线教育首波“井喷式”的发展浪潮在2012年左右就已经到来。近十年间，随着在线教育逐渐走向成熟，行业增速也由快转稳，到2018年该领域市场规模约达3000亿元，相比2012年足足翻了四倍。

不过，到2019年，在线教育行业却意外地迎来了“资本寒冬”。黑板洞察数据显示，2019年全年教育行业仅发生了332期融资事件，同比降幅近50%。受此影响，全国有约1.2万家教育公司被迫关停，新东方教育集团创始人俞敏洪甚至直言：“估计80%的教育公司都活不下去。”

对此，陈峰认为：“获客成本过高导致的收支不均，是在线教育企业一直以来的痛点。”近年来在线教育企业上演“百团大战”，为了吸引学员，各平台在营销投放上不断加码。仅在2019年暑期，学而思网校、作业帮等支出的广告费用就超过20亿元，部分企业2019年在销售及市场营销方面投入的金额占全年总支出的60%以上。受此影响，线上教育企业的平均获客成本一度突破千元，最高的可达近5000元。“亏损与业务规模同步扩大，长此以往企业很容易被拖垮。”

不过，到2020年初，乘“停课不停学”之风，以好未来、新东方等为代表的在线教育企业“意外”迎来了获客高峰期，数以千万计的学员涌入“云课堂”进行线上学习。用户暴涨和政策红利，让在线教育企业股价屡创新高：新东方在线股价从2月3日开盘的28港元/股，到2月7日收盘涨至37.35港元/股，涨幅超33%；跟谁学股价从2月3日开盘的33.02美元/股，到2月7日收盘涨至39.24美元/股。

受疫情影响，不少用户第一次与面向中小学生的K12课程，乃至面向企业用户的培训课程等有了“亲密接触”。“人们对在线教育的印象有所改观，能够进一步认识到它的价值，这对于整个行业的普及有很大的推动作用。”广州铁路职业技术学院教务处负责人许爱军指出。

“大考”在即，下一波机遇或在5G

疫情为众多在线教育企业提供了快速“起飞”的机会。不过，在更多业内人士看来，它要面临的真正挑战要到疫情之后才会到来。

“疫情导致大中小学师生推迟到校，学校开展远程教学的确是一种‘不得已而为之’的应急举措。”华南师范大学未来教育研究中心主任焦建利教授表示，疫情之后，师生们会第一时间重返校园回归线下课堂，届时，“轰轰烈烈”的线上教学也会迎来一次“快速退潮”，“平台能不能继续留住用户，仍是未知数”。

据粗略统计，目前市面上运作的在线学习平台或接口已有超过30个。它们之中，有的在在线教育领域提前布局，有的则刚刚从传统线下教育机构、短视频平台或办公服务类企业等艰难转型。“一方面，我认为新玩家的加入对在线教育行业的发展是一则利好消息；另一方面，我们必须认识到，行业的发展是一个优胜劣汰的过程，寡头现象在各行各业都存在。”

另一个挑战在于“盈利”。疫情期间，绝大多数线上学习平台选择免费向公众开放。疫情结束，重返“收费”模式的平台能否继续吸纳用户，提升“续费率”仍未可知。对此，广东省新南方职业培训学院技术总监李建军指出：“在线教育的关键，仍在于‘教育’二字。用优质的教学内容、良好的使用体验将用户留住，是各大平台必将面临的挑战。如果无法解决，最终被淘汰的概率仍然很大。”他认为，只有拥有更具“成色”精品课程的线上学习平台才能最终在“大考”中获胜。

“不管怎么说，在线教育一定是未来的发展趋势。”陈峰认为线上、线下课堂是相互补充的关系。未来随着5G、AR/VR、人工智能技术的深入应用，“网课”将能够弥补在互动性体验等方面的短板，从而在师生心目中获得越来越强的存在感。

对此，声网联合创始人陶思明、北京新东方优能中学部总监CEO朱宇也深以为然。“3G、4G时代，带宽限制了在线教育的进一步发展”，陶思明认为5G的大带宽特性能够为在线教育场景设计、教研内容等方面创造更多可能性。未来随着VR/AR技术的进一步发展，“教学时将不再仅是看2D的图像，而是会有3D的

5G为在线教育创造更多可能性

身临其境的感觉”。朱宇说。

陈峰表示，“2003年淘宝和京东在非典疫情背景下崛起，未来在线教育头部公司的表现值得期待。”据中国互联网络信息中心统计，截至2019年上半年，我国在线教育用户规模已超2.32亿，较2018年底增长3122万，占网民整体的27.2%。艾媒咨询预测，2020年中国在线教育用户将超过2.96亿，市场规模将突破4000亿元。“在线的教育风口已经到来。”陈峰指出。

在线办公成新趋势，让粤企复工复产走在前列

广州高新兴公司的生产车间，机器声再次响起；研发车间，5G测温巡逻机器人灵敏地避开障碍进行测试。这些，已可以通过工程师在家远程观察和调度。

复工复产一周以来，兼顾在家与工作的在线办公，成为不少人的新常态。初期由于流量过大，企业微信、阿里钉钉、华为云WeLink等软件一度遭遇“罢

工”，各大企业迅速扩容，甚至用免费的策略吸引用户。

在消费互联网红利见顶之际，在线办公等产业成为新的蓝海。观研天下数据显示，2017年、2018年、2019年我国智能移动办公的市场规模分别在194亿元、234亿元、271亿元，预计到2024年市场规模增长到486亿元左右。

如果说，非典疫情过后，是C端消费者的线上化，而这一波疫情之下，包括在线办公在内的B端（企业运营）正逐步实现数据化和在线化。业界认为，随着在线办公生态的成熟，将进一步培育用户习惯，推动企业数字化进程。

App“霸榜”背后：在线办公产业厚积终薄发

下载并注册“腾讯会议”App，一个新手不到5分钟就进入了会议模式；除了最初一位同事因忘记关闭麦克风，小孩嬉闹的声音混进会议，全程还相对顺利。2月17日上午10点，广州一家传统公司20多人的部门以这样的方式开启了第一次在线会议。

密集用户的涌入，几乎让所有在线办公平台措手不及。“疫情暴发初期，华为云WeLink每天新开户企业增长50%，日活跃用户超100万。”华为云副总裁、联接与协同业务总裁薛浩说，以华为云为例，只有1/3人回到园区，仅华为每天都用WeLink开几万次会议。

而腾讯则忙着扩容。腾讯云办公协同产品中心总经理钱敏表示，其他业务不一样，云会议事件特性非常明显，比如早上8点30分、9点、9点30分，下午2点和2点30分，比较集中开会，每到一个整点都要面临一次系统挑战。

根据百度热度指数，远程办公搜索指数2020年2月份同比增长491%，环比1月份增长317%。七麦数据显示，2月17日，阿里旗下移动办公应用“钉钉”连续13天成为苹果App Store排行榜第一，紧随其后的是“腾讯会议”。这也是苹果应用商店办公类应用产品历史上首次跃居前二。

回头来看，在线办公可以说是“酝酿已久、厚积薄发”。以疫情期间2亿上班族同时在线的钉钉为例，2015年底、2016年底，钉钉企业组织突破100万家、300万家，2017年9月突破500万家，2018年8月达1000万家，用户聚集上呈滚雪球式加速发展。

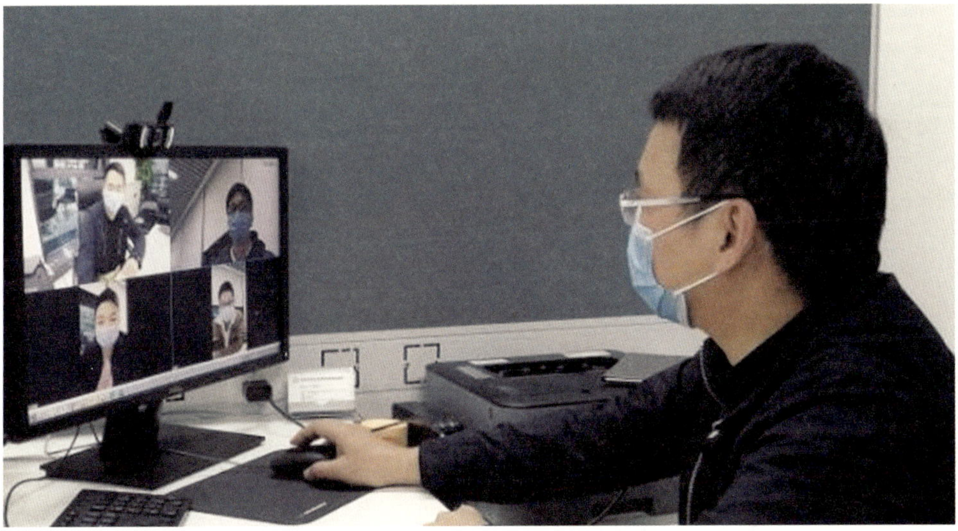

疫情使得线下交流受阻，催生了远程办公

与此同时，入局者也骤然增多。天眼查数据显示，我国目前共有超过4500家“云办公”产品生产公司，接近一半的企业都成立于5年之内，属于“新秀”。

苹果熟了？巨头入局加速产业规模化扩张

尽管入局者众，但分散的市场，让互联网巨头伺机而动。围绕在线办公领域，BAT虎视眈眈，从成立时间看也还只能是新手。5年前，钉钉就正式发布；一年之后，企业微信正式发布。

就在疫情之前，竞争骤然升级。2019年12月25日，腾讯云发布旗下云视频会议产品腾讯会议，宣称企业只须花费一张机票钱即可省去全年跨地区开会的差旅费；次日，华为云也高调发布WeLink，主打帮助企业数字化转型。

在线办公形成了“三足鼎立”之势，以用友、蓝凌、致远为代表的专业协作软件厂商，脱胎于传统管理软件，在对企业客户需求理解、企业管理流程的梳理上更胜一筹；而互联网巨头则凭借C端的积累，在前台界面设计和交互功能上优势突出；而原本与软件关联度不高的企业也在抢滩，以华为为代表，其拥有多年服务企业市场的积累，可靠性和安全性上更为突出。

在这个传统企业“盘踞”的市场，巨头入局带来了不一样的“鲶鱼效应”，互联网的免费策略再次移植到在线办公市场。疫情期间，根据国盛证券的统计，共有21家企业免费开放产品来抢夺用户市场。

在线办公市场被提前催熟。在行业人士看来，一方面，这些大公司的用户基础、渠道基础、品牌、产品都具有一定的优势，极大地拉动行业的渗透率，做大整个市场规模。

另一方面，用户规模的扩展，也将带动整个企业办公生态的升级。企业在线办公涉及即时通信、协同文档、在线会议、云盘以及客户管理、合同管理、员工培训等多个领域产品和服务，任一细分应用场景背后都是一个巨大的市场。

“随着竞争加剧，体量大的、有独特价值和功能的可以生存下来，行业集中度会向头部供应商集中，但不会形成1—2家占领全部市场的局面，在不同的赛道中会有不同的供应商。”薛浩说。

免费之后，在线办公能否撬动企业数字化

在线办公大热之后，外界也不免生疑：疫情过后还能否获得长足的发展空间？未来在线办公会不会成为常态？

“不只是开会，在线办公把IT系统联合起来，可以帮助企业增强协同、提升效率。”薛浩说。他回忆起刚进入华为公司时，第一天就被交代安装将近20个应用，花了很长时间才弄明白这些应用，而在万物互联时代，平均每个人有三到四个终端，更多入口就意味着更低效率。

在家办公的企业，也在反思自己对数字化的重视程度。薛浩说，以在线办公为切入点，企业的每一个工作流程都实现数据留痕。这解决了中小企业数据缺乏的难题，从而帮助企业改进流程和管理措施，“现在很多企业是从一个部门使用，到整个公司和集团都在使用，甚至带动上下游产业链协同办公”。

疫情期间，冲在一线的医疗行业紧急用上了在线办公，广东省三级甲等医

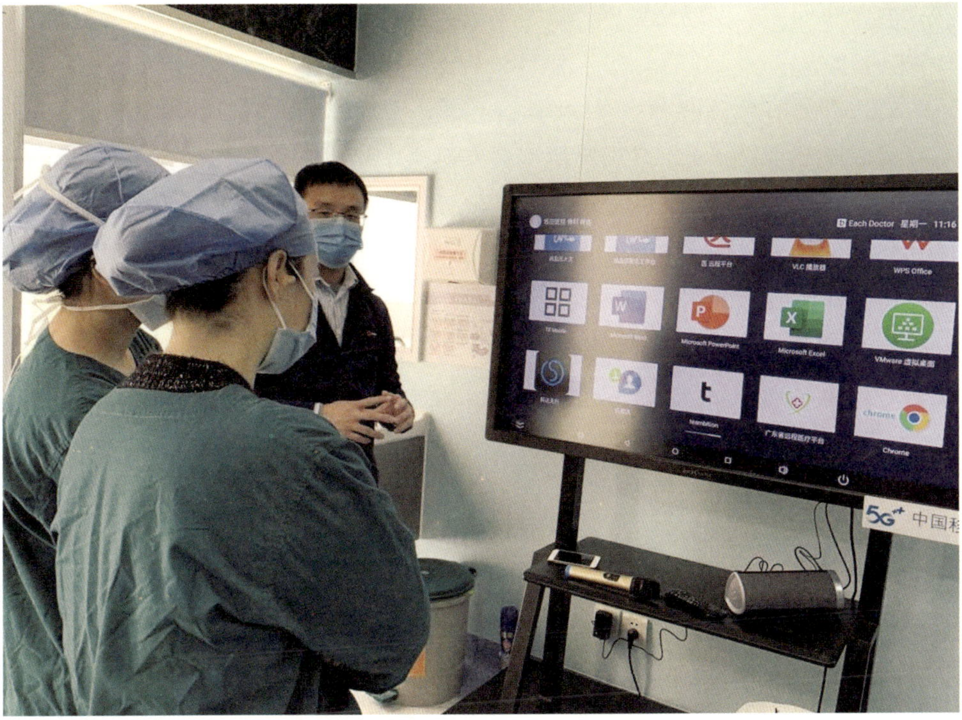

医院使用远程办公会诊

院超过50家使用华为云WeLink平台推进工作。“医疗也将是在线办公的重要场景。”薛浩说。

而在钱敏看来，技术也是一个不可忽视的推动力，5G的到来，为在线办公提供了更大的想象空间，而目前在线办公平台以标准化为主，实施和交付都比较快，将受到中小企业的青睐。

在线办公发展升温背后，还需要政府“加一把火”。“政府应积极引导粤企尽快进入企业数字化领域，推出企业数字化发展的专项政策，在税收、融资成本、营商便利化等领域予以专项扶持。”中山大学岭南学院教授林江建议，可以考虑成立企业数字化的引导基金，鼓励和吸引更多的民间资金进入在线教育、在线办公等企业数字化产业领域。

远程医疗加速，数字战“疫”联结南粤大地

线上科普、在线问诊、心理热线、慢病续方、远程会诊、AI辅诊……一系列“组合拳”不仅满足大众的需求，也为抗疫贡献实实在在的力量。

“索××正在接受杜鹃医生专业咨询，梁××正在接受王宁医生专业咨询……”在平安好医生新冠肺炎问诊专区，滚动屏幕显示不断有用户在使用由医学专家小组提供的实时答疑服务。

庚子新年，新型冠状病毒肺炎疫情突如其来，面对这场看不见敌人的战“疫”，互联网医疗以其在线快速响应、远程隔离避免交叉感染的天然优势，成功开辟抗击疫情第二战场。

为避免交叉感染，全民“宅家”的态势下，在线问诊这一便捷安全的方式，成为用户获得医疗服务的首选。平安好医生发布的数据显示，疫情期间，该平台仅2月初累计访问人次就达11.1亿，App新增用户日均问诊量是平时的9倍。

“可以说，在这场疫情中，互联网医疗给大众上了一堂在线问诊普及课。”春雨医生品牌与战略部总监谭万能如是说。业内人士认为，移动互联网普及以来，医疗行业的互联网化一直在缓慢推进，经此一役，互联网医疗有望按下“加速键”。

在线问诊：一场全民普及课

“医生开了处方，可是药店也买不到药了……”1月29日，湖北武汉已经封城，居家隔离的刘先生为给家人买药心急如焚，最终在1药网互联网医院上寻得帮助。48小时后，药物通过绿色通道送到了家人手中。“面对这场看不见敌人的战争，互联网医疗帮了大忙。”刘先生说。

在疫情期间，互联网医疗行业有平安好医生、丁香医生、阿里健康、腾讯医疗、春雨医生、好大夫在线等十多家平台相继投入了这场抗击疫情的战斗，发挥在线快速响应、远程隔离等独特优势，紧急上线免费义诊、健康科普等服务，让更多人实实在在体验了互联网医疗。

“在线问诊或义诊，在这次疫情中的医疗功能，一是承担部分疑似患者的分诊功能，缓解了线下医疗机构的压力；二是安慰惊慌失措的用户，解答部分疑问，起到心理疏导的作用。”谭万能说，疫情期间，春雨医生App日活提升30%，全平台问题量相比2019年日均问诊量翻番，呼吸内科的问题增长约6倍。

易观千帆监测数据显示，2020年春节期间，互联网医疗在线问诊领域独立App日活最高峰达到了671.2万人，最大涨幅接近160万人，涨幅31.28%。

远程会诊：开辟战“疫”第二战场

“患者的情况怎么样？片子看一下。”2月11日下午，广州医科大学附属第一医院钟南山院士等专家与武汉协和医院西院一线医务人员的远程会诊正在进行之中。这样的会诊并非单例。就在此前一天，湖北省中西医结合医院急诊四楼，第二批援助的国家中医医疗队专家与千里之外的广东省中医专家团队开展远程会诊，共同研究3个喘息加重病例的治疗方案。这已是广东驰援武汉中医医疗队开展的第6次跨省会诊。

虽然以“轻问诊”起家，但在此次战“疫”中，互联网医疗显然做得更多。AI导诊、远程会诊、线上阅片……抗击疫情中，互联网医疗大展拳脚。

互联网医疗有着在线快速响应、远程隔离等独特优势

钟南山院士开展远程会诊

上海联影的远程诊断平台部署进武汉多家医院，其中“武汉大学中南医院—武汉第七医院影像云平台”运行至2月9日已经完成3100多例远程诊断，联影智慧医疗子公司紧急发动在职的全国100多名全职影像专家组建“新冠肺炎免费咨询团队”，向民众提供免费的线上咨询服务。

“国外互联网医疗一个主要应用场景就是传染病的隔离及诊疗。”上海交通大学医疗服务指数研究所所长曹健指出，早在治疗埃博拉病人的过程中，美国内布拉斯大学医学中心就引入视频协作平台，实现医护人员、患者家人与患者的远程交流和互动。而在此次新冠肺炎疫情的战斗中，互联网医疗正成为减少线下接触，防止交叉感染的“利器”。

疫情之后：互联网医疗能否迎来“拐点”

互联网医疗从2014年发轫，到2015年开始高举猛打，2017年陷入资本寒冬，2018年迎来政策风口。前瞻产业研究院预测，2020年我国互联网医疗市场规模有望达到900亿元。而随着2020年春节这场突如其来的硬核战“疫”，这一目标很可能提前实现。

“线下是第一战场，而线上可以说是第二战场。在重大疫情发生时，互联网医疗第三方平台的患者覆盖能力、跨地域调动医生资源的能力都非常突出，远远超过单体医院的网络平台。”好大夫在线CEO王航表示。

这次疫情之后，互联网医疗是否会迎来新的发展？丁香医生CEO李天天认为，“答案是毋庸置疑的”。

“在线问诊已经发展多年，但疫情期间多种矛盾的集中爆发，用沉重的代价完成了一次初步的用户教育，大部分用户第一次知道在线问诊及其可以提供的价值。”李天天指出，未来，在线问诊有望发展成为常规医疗的补充渠道。

Analysys易观分析认为，构建基于信任的线上医患关系是互联网医疗发展的根本。在此次抗击疫情的过程中，互联网医疗平台几乎步伐一致地采用小程序或H5跳转的形式，通过微信朋友圈进行推广，利用“老带新”的方式，迅速收获用户。

此次疫情也倒逼公立医院的互联网医疗服务提速。据不完全统计，超过200家公立医院已开展新冠肺炎免费互联网诊疗，广东大型三甲医院悉数上线。

金蝶医疗CEO尹治国介绍，整个春节团队都在加班加点，就是为了在极短时间内为医院开通“肺炎专问”的服务。他认为，从此次疫情考验来看，公立医院应加快自身的互联网医院建设步伐，为群众在互联网上提供更规范的在线闭环医疗服务；同时，各级卫生部门也可加快区域互联网医疗服务平台的建设，促进更好的分级诊疗服务。

王航指出，随着疫情延续，越来越多的慢性病患者就医难题会越来越突出，利用在线诊疗、线上开方、线下医药配送，将在未来一段时间内解决部分难题。据其介绍，好大夫在线在疫情初期就为21万名医生开通了个人专属义诊通道。

阿里健康也瞄准了这一痛点。2月6日起，阿里健康先后在淘宝和支付宝App上线“买药不出门”服务，通过线上问诊、开方配药的方式，让慢性病患者足不出户即可买药。上线不到三天，服务页面累计访问用户近300万。

“在这次新冠肺炎疫情中，互联网医疗发展迎来新的契机，未来随着AI技术、5G技术的应用，互联网医疗将有更大作为。”曹健说。

消费大省+制造大省，消费带动产业升级

600万！11日凌晨，订单涌入网店，很快就达到了80后家具厂厂长曾娟娟制定的目标。这家外贸导向型企业，与佛山家具产业带一起，迅速投身到“双11”电商大促中来。

需求端的消费潜力，正在有效转化为供给侧的增长动能。随着“双11”大幕落下，广东购买力再次稳居第一，“买买买”彰显了强劲的内需。同样，广东产业也在各大电商平台上不断刷新销售纪录，纷纷晋身“亿元俱乐部”“十亿元俱乐部”。

在以国内大循环为主体、国内国际双循环相互促进的新发展格局背景下，通过挖掘内需市场潜力、新消费与制造业联动、新型消费提质引领产业数字化转型，一条条产业带打开了企业新的成长空间。广东一批小家电、服装、玩具制造企业加速数字化、智能化，将生产需求从消费场景直接接入生产车间，完成了从“我生产什么你买什么”到“你要什么我生产什么”的转变。事实也表明，数字化程度较高的制造企业，显示出更强的韧性和爆发力，率先实现“回血”。

外贸代工企业走向台前

对一个品牌来说，3个月时间能干什么？2020年8月，阿里巴巴春雷计划落地佛山，要助力佛山超过万亿的制造业产业集群进行数字化升级。在这番鼓动下，李勇华把天猫店开了起来。

在顺德小家电这一行打拼了20年的李勇华，做过代工也做过外贸。“做代工，是品牌方说了算，工厂利润最薄，但是风险最大；做外贸，受国际影响很大，产品技术含量低，多少年也不改款，工厂的创新能力慢慢也就没有了。”

受疫情影响，2020年以来这类中小企业“失血”严重。在双循环新发展格局下，各大电商平台都转向了对产业带的扶持。在天猫“双11”中，全国2000

个制造业产业带全员“参战”，其中30万个外贸工厂系首次备战“双11”，李勇华的工厂就是这30万个之一。“双11”当天，首批5000台母婴消毒柜一扫而空，这让李勇华悬着的心终于放了下来。

借助新零售平台，完美日记、HFP、滋色、溪木源等一批新国货代表品牌乘风破浪而来，在“双11”大促中擦亮了广州的“美丽产业”。

中国是唯一一个拥有联合国产业分类中所列全部工业门类的国家，形成了大量分工细、链条完整的产业带，无数外贸代工之类的隐形角色，正被推到市场正中的舞台上来。“不少外贸企业或贴牌企业正抓住时间窗口完成从强生产到强品牌的进阶。”华南理工大学管理学院市场营销系主任陈明认为，过去，这些代工厂一度隐匿于各大品牌背后，在产业链末端默默无闻，如今可以通过各大电商平台直达终端消费者。

从“以产定销”到“以销定产”

各行业在疫情中加速推进数字化，传统制造业加速“触网”，定制化路线成为转型的“试金石”。

在珠江对岸的东莞，服装企业都市丽人与犀牛智造联动后，繁忙的生产线上，每块面料都有自己的“身份ID”，进厂、裁剪、缝制、出厂可全链路跟踪，生产线能同时处理几种不同的订单。通常，服装行业的生产模式是平均1000件起订，15天交货，而都市丽人智造工厂的最大特点是“按需生产”，打通消费趋势分析，从过去的“以产定销”变为“以销定产”。

工厂制造变成了共同创造，这样的变化正越来越多在新型数字化产业带中出现。南沙宝乐公司董事长王立磊说，在消费热点的驱动下，越来越多企业直接对接到市场的新需求，定制生产、协同设计、精准供应链管理等让企业对市场的反应越来越敏锐。

通过预售前置模式，工厂在支付定金瞬间即可开始仓储生产，消费者支付尾款后，“最后一公里”配送可立即开始。这种以销定产的新试水，可让分钟级配送成为常态。

“2020年‘双11’订单量提升，预计客单价进一步降低。”贺东东表示，

“双11”前，工厂正在赶工出货扫地机器人

设计师设计图纸到工厂无须拆单，全屋定制可节省1—2天时间，大大提升交付效率，板材利用批量混合优化，让板材综合利用率超过80%，这些都将帮助企业降本增效，最终让利于消费者。

区域平衡有了数字化支撑

2020年“双11”大促成为产业带“品牌货”转型的重要助力，数据显示，从11月1日至11月11日12时，仅天猫就诞生了102个成交额破亿元的产业带，其中超过10亿元成交额的产业带有10个。

这期间，广东数个产业带销量集体爆发——广东家装产业带同比增长137倍，广州美妆同比增长71倍，汕头澄海玩具同比增长39倍，广州女装同比增长53倍……晋身“亿元俱乐部”的产业带遍及广东各地。

乘着数字化转型的东风，广东中小企业乃至新兴发展区域获得转型升级乃至弯道超车的机遇。

几个月前，广州数控的智能装备快速发向粤东等地区。公司智能制造工程中心负责人宋健注意到，随着智能设备的引入，粤东等地比如潮州也开始承接陶瓷、小五金等领域中高端产品的订单。“以前买一台进口设备压力很大，但随着稳定性较强的国产设备的推广，优质订单自然也向粤东粤西粤北地区倾斜。”宋健说，智能设备的引入有助于打破区域经济发展不平衡的现状，粤东粤西粤北地区借助高端设备打破“低端锁定”的局面。

另一方面，产业带也在借助消费升级实现产业升级。“双11”数据显示，以扫地机器人、擦窗机器人等为代表的智能产品成为市场上的“红星”。这些成绩的背后，是广东智能制造企业的加速崛起，依托广东强大的制造业基础和领先的技术创新，一条条全新的产业带正在高速成长起来。

“我们以前一直深耕海外市场，2020年5月转战国内，近期推出了语音智能扫地机器人，没想到直接卖爆了。”对深圳由利公司董事长钟搏来说，这段时间他的头等大事就是抢原材料。

供应链在身边，决定了高端智能产业集中在广东，创新能力也技高一筹。钟搏说，国外品牌约两三年更新一次产品，而中国产品每年迭代数次。远离供应链，让企业反应迟钝，创新跟不上节奏，“比如语音控制这样的新生事物，广东企业能迅速用到产品上，国外同行还没走到这一步”。

（撰稿：郜小平　叶丹　彭颖　许隽　严慧芳）

第三节 新生活——数字化孕育消费新市场

■核心提示

万物数字化浪潮，正在影响社会经济生活的方方面面。随处可见的电商购物平台、直播带货、网络送餐……中国消费者的生活场景已经高度数字化，涵盖衣食住行各个领域，而“数字化消费”更是成为人们习以为常的消费场景。

在数字经济与传统产业加速融合的过程中，我们也见证了“数字化”的力量。京品家电的“C2M”反向定制模式，通过大数据分析精准判断用户需求，从而反向驱动制造厂商生产个性化产品；以美团为代表的生活服务电子商务平台，全方位助力我国餐饮行业的数字化改造，催生了互联网餐厅、下一代门店等新的商业模式；5G应用正在加速走出实验室，8K产品逐步走进大众能感知、能体验的生活场景中……

数字化转型带来消费深刻变革

当前，数字经济已成为经济增长的新动能，新业态、新模式层出不穷。数字技术在重构供给侧、需求侧及供应链的过程中，带来消费的深刻变革。消费行为因为数字化而可以被感知和分析，能够逆向优化生产和供给，从而帮助品牌商、生产商更好地创造新供给；数字技术等新技术的成熟商用，加速线上线下融合，让消费市场的新模式新业态不断涌现。

数字驱动新业态不断涌现

以平台经济、共享经济为代表的数字经济蓬勃发展，成为中国经济动能转换、产业结构转型与居民消费结构升级的重要支撑力量。根据波士顿咨询公司（BCG）的最新调查结果，中国的数字化消费力已在体量和规模上领跑全球。中国消费者的生活场景已经高度数字化，涵盖衣食住行各个领域。

新冠疫情防控期间，数字经济发展进入加速期。网络文娱等线上内容产业迎来数字经济消费新风口，办公、医疗、教育线上模式大范围推广，催生“无人接触”数字经济消费新场景。

美团研究院问卷调查显示，新冠疫情防控期间，有71.7%的居民选择在外卖平台点餐，41.6%的居民选择在线上电商平台购买商品；生鲜零售业务快速增长；中老年用户在线上消费的比重也有所上升。

数字技术等新技术的成熟商用，加速线上线下融合，让消费市场的新模式新业态不断涌现。最近几年居民消费市场供给质量的改善和提升，与生活服务业数字化发展密切相关。新技术孕育了新业态，新业态满足了新需求，创造了新的细分市场。阿里巴巴“盒马鲜生”、永辉“超级物种”、京东“7FRESH 生鲜综合超市”等纷纷落地，受到消费者追捧。

我国夜间经济也与数字经济加快融合，不断拓展社会消费新领域与科技应用新空间。夜间经济借助数字经济，进一步延伸消费市场，拓展消费空间；数字经济借助夜间经济，不断获得创新动能和应用空间。

党的十九大报告和近几年政府工作报告都提出要发展和壮大数字经济，党的十九大报告明确提出：“要推动互联网、大数据、人工智能和实体经济深度融合，在中高端消费、创新引领、绿色低碳、共享经济等领域培育新增长点、形成新动能。”

数字经济重塑消费市场

近年来，我国数字经济蓬勃创新发展，数字经济消费成为消费中的重要组成部分，也是推动消费持续保有动力的关键力量。据专业机构统计，我国数字经济快速发展，2018年规模已达31.3万亿元，位居世界前列，占国内生产总值的比重达到34.8%。应用场景不断丰富，数字技术与生产运营、社会治理等诸多领域深度融合。

作为数字化大省的广东，“新基建”建设布局紧密，互联网技术成熟。在消费领域，大数据、实时“在线”、网络化、智能化等全新方式应用普遍，线上消费持续快速增长。广东省统计局数据显示，2020年前三季度全省限额以上单位通过公共网络实现的商品零售增长20.4%，增幅比上半年提高0.2个百分点，总量占全省限额以上单位商品零售的26.4%。

随处可见的电商购物平台、直播带货、网络送餐以及网约车等，都是数字化消费以及数字经济的重要组成部分。数字技术的加速迭代，不仅放大了消费者的购买力，更推动了消费者行为习惯的巨大变化，从而催生出别具一格、焕然一新的新消费市场。一方面出现了消费内容的多样化、虚拟化和个性化，实现了消费模式的数字化和平台化；另一方面则是创造出了新的消费需求，尤其是数字产品成为人们消费的热点。

在5G、人工智能的赋能下，产业数字化、智能化趋势明显加速，产业互联网将生产需求从消费场景直接接入生产车间，消费互联网将个性化消费需求和服务提供商直接对接。无论是生产企业、平台企业，还是传统百货、零售企业，数字化转型使得生产、销售和消费不再泾渭分明，而是相互渗透、彼此影响，既能够创造新消费、优化消费体验，又能够降低交易成本、提高供给质量和水平。

粤企助力5G+8K国产化，激发新消费

2020年初，鼠年春晚创新性地应用了“5G+8K”技术，为观众提供了超高清视频观看体验。两会时期，中央广播电视总台同样利用5G网络开展直播连线，摄制8K视频，为国家级会议留下珍贵记忆。

2019年是5G商用元年，全球各市场5G网络基础设施的建设如雨后春笋般大举铺开。得益于5G的超大带宽特性，原本被传输介质限制的8K技术也得以大展宏图，5G+8K的结合也成为超高清时代的新标签，激发新型消费，助力消费者美好新生活。

广东大力培育壮大5G+8K等新的增长点增长极，大力发展4K/8K超高清视频产业，形成广州、深圳、惠州等3个产值超千亿元的4K产业集群，4K、8K电视产量约占全国一半。

国产品牌谋求打通8K全链条

2020年9月，创维发布Q71系列电视。深圳创维-RGB电子有限公司董事长王志国介绍，唯有以技术作为市场驱动的基础，才能让电视硬件具备明显的差异化特征，以及让行业重回良性发展之路。Q71系列产品作为创维电视5G+8K一站式解决方案中的关键一环，展现了从8K信号接入、到8K解码、再到8K图像信号处理、最终于8K屏体呈现的全程真8K能力，让用户能够切实感知8K技术带来的视觉革新，为整个行业定义了8K电视的新基准。

从产业链来看，从4K到8K的升级离不开产业链各个环节的配套升级。8K电视对核心元器件的存储芯片、编解码芯片、图像芯片、处理器芯片等均提出了越来越高的要求。此外，8K电视的普及对内容制播设备、网络传输设备、终端呈现设备等的技术要求均有了新的门槛。

以8K传输内容端为例，传统电视在传输介质上无法满足8K内容流畅播放的需求。8K超高清片源在信号接入过程中不会造成数据拥堵。

代表委员在省两会上体验5G+8K高清视频应用

2022年我国超高清视频产业规模将超4万亿元

“信息视频化、视频超高清化”已经成为全球信息产业发展的大趋势，当今世界视频技术正经历从高清向超高清的演进。未来个人消费者网络流量的80%和行业流量的70%以上都是视频数据。

为此，国内首个《5G+8K超高清国产化白皮书》（下称“白皮书”）于2020年10月正式发布。白皮书解析，超高清视频产业链条长，发展超高清视频产业将带来芯片、视频制作设备、存储设备、网络传输设备、显示面板、终端整机等产业链各环节产品的升级换代与流程改造，预计2022年我国超高清视频产业规模将超4万亿元。硬件方面，8K超高清视频将推动投影仪、VR/AR、户外大屏等设备成为新型入口；应用方面，8K+AI、8K+VR/AR、8K+全息、8K+互动等融合技术的发展将带动家庭、文娱等2C市场的进一步发展，以及安防、医疗、工业控制、精密制造等2B领域的市场爆发。

白皮书展望，在我国，超高清终端竞争力、覆盖率持续走高，60英寸以上大尺寸面板将全面实现高清化，超高清体验“走进千家万户”的基础终端能力已经具备，良好的基础将强力驱动产业和消费全面升级，超高清市场爆发愈加可期，中国将成为最大的超高清市场。

当前，5G成为提升消费扩容，推动数字经济实现的“新基建”核心之一，2020年3月，我国组织实施2020年新型基础设施建设工程，将向5G网络、数据中心等新兴产业建设投入超过40万亿元，5G领域共有7大5G创新提升工程，其中《5G+4K/8K超高清制播系统基础设施建设》被列为7项支持重点之一。

商家拥抱数字化，为新消费“松土”

作为全球第二大的消费市场，2019年我国社会消费品零售总额达到了41.2万亿元，比2015年增长近四成，国内巨大的消费市场不仅在不断扩大，同时也正在向新的消费模式和结构在持续升级。对于中国亿万的商家而言，在新消费的趋势下，也需要更好地向数字化转型才能在经济发展的浪潮中求生存谋发展。

“新服务时代正加速到来，但中国还有80%的服务业没有被数字化。”在

2020年支付宝合作伙伴大会上，蚂蚁集团CEO胡晓明就宣布，打造支付宝数字生活开放平台，聚焦服务业数字化，并立下目标“未来三年，携手5万服务商帮4000万服务业商家完成数字化升级”。

在业内人士看来，市场上大量的商户犹如消费市场的土壤，在没有接受数字化改造的情况下，这样的“土壤”并不具备足够的活力来为新消费提供生长条件，而数字化的赋能则可以为新消费市场的成长“松土”。

越来越多的线下商场正在加速零售数字化升级的转型。2020年7月，首批“数字商场”正式上线，目前全国已有80%的头部商场将服务搬进支付宝，如万象城、印象城、银泰、龙湖天街等，有商场的小程序访问量暴增118倍。

据胡晓明介绍，如今的支付宝已经升级成数字生活开放平台，要打造服务业数字化的“新基建”。支付宝App强化生活服务心智后，首页新增外卖到家、果蔬商超医药等便民生活板块，并基于智能算法为用户推荐喜欢的服务，让每个用户拥有更贴心更专属的支付宝。同时，从“人找服务”走向“服务找人”，提升商家服务的分发效率。

数字化普及让“老人要玩，小孩能花”

在数字化越发普及的当下，点外卖、团购唱K、手机上订电影票……这些消费方式不再是年轻人的专属，也受到越来越多老年入的青睐。

68岁的李爷爷是一位拉丁舞教师，退休后老两口和儿子生活在一起，因为老伴身体不好、媳妇工作又繁忙，所以李爷爷就成了打理五口之家生活的主力，要负责买菜、做饭，还要接送6岁的小孙女上下学。

李爷爷非常喜欢做饭，本来并不提倡叫外卖，但是小孙女的课外班从周一排到了周五，而自己偶尔还想去跳跳舞、打打乒乓球，而且他发现孩子们点的外卖既方便又健康，于是也学会了点外卖。一方面。可以偶尔解放一下自己，不用每天围着灶台和小孙女转，有些自己的闲暇时间；另一方面还可以尝尝鲜，点一些没吃过的味道，也不失为一种潮流生活方式。现在，家附近的庆丰包子铺、潮汕砂锅粥、好造口米线等，都已经成了李爷爷家经常点餐的餐厅，

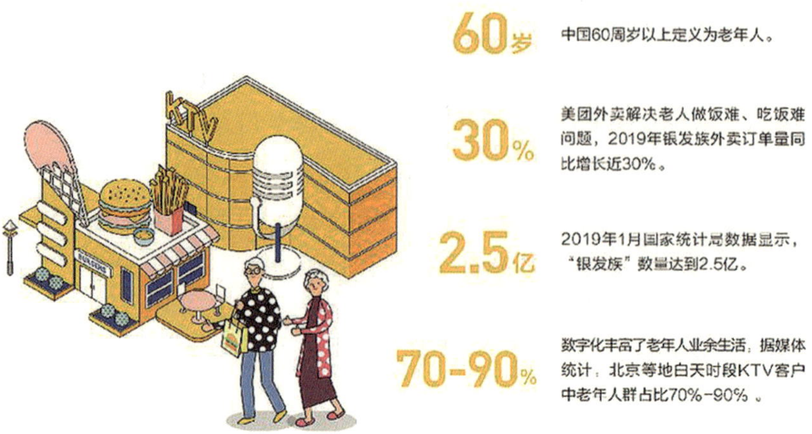

新的消费方式不再是年轻人的专属

有时候还会在晚上加个“大菜”。当然，到了周末或者节假日，李爷爷还是喜欢做上满满一桌菜肴，让一家人聚在一起品尝自己的手艺。

对于年轻人来说，点外卖已经成为一种生活方式。但对于一些上了年纪的人来说，点外卖代表的“时尚生活”才刚刚开始。美团数据显示，2019年，全国60岁及以上老年群体的外卖订单量同比增长近30%。此外，美团发布的《2019七夕消费趋势报告》显示，2019年七夕，50岁以上的群体也加入过节热潮中，这些“有钱有闲”的人更愿意花钱到七夕就餐上，人均消费比20—30岁人群高出20%。

2019年七夕期间的另一组数据也值得关注：全国亲子餐厅交易额一年翻一番，环比七夕前三日均值增长34%，其中，上海、深圳的亲子餐增长均在60%以上。亲子餐厅交易额的大幅增长，体现出儿童正在成为80后、90后年轻家庭的消费中心。无论是聚会用餐、周末休闲还是旅游出行，在选择餐厅、酒店和旅游时，满足儿童的诉求成为家长们消费决策的重要因素。“旅游遛娃、吃饭带娃”正在成为新一代父母消费的重要组成部分。以亲子酒店为例，美团数据显示、在2019年，“亲子主题酒店”的用户评论数同比增长114%，其中高端、与品质相关的评论量同比增长超过90%，让孩子住得更好成了家庭出游选择的重要参考组成。

值得留意的是，受优生优育理念发展和二孩政策的影响，“亲子消费”连年走高。美团数据显示，截至2019年第一季度，以少儿编程、教育机器人为代表的幼儿科学商家数量同比增幅超过2.3倍，绘画、舞蹈等幼儿才艺商家数量同比增幅超1.2倍，幼儿外语类商家数量同比增幅超84%，早教中心商家数量同比增幅为68%。美团“亲子奇妙日”正是本地亲子消费市场的缩影。

程女士参加2019年“亲子奇妙日”的目的非常明确：不仅是亲子玩，更要在一天之内给孩子物色好儿童素质教育优选课程。

程女士三十多岁，是名外企职员，女儿四岁半。丈夫平时工作繁忙，而自己的工作时间固定在朝九晚六，因此孩子的教育重任就落在了她身上。程女士自我评价是“佛系”妈妈，一是没有专门为了孩子准备学区房，二是没有为孩子进民办幼儿园而挤破头，而是选择了离家5分钟路程的公立幼儿园。

程女士发现，不是女儿萌萌不喜欢英语，而是培训班没有很好地启发孩子

美团亲子公益活动

的兴趣。但是市面上少儿英语培训品牌有十几个，如果逐个探店体验又费时费力。“亲子奇妙日”则把同类型的商家聚到一起，她带着萌萌只用了小半天时间就把几家最知名的少儿英语培训机构体验了个遍。看着萌萌在现场体验时一开始有点拘谨，但经过游戏热身后很快融入课程，程女士当即为萌萌选定了一家适合女儿的英语培训班。

程女士觉得在“亲子奇妙日”可以直观地对比各商户提供的产品和服务，让选择变得更理性，通过亲身体验，可以发现孩子的真实喜好，真正激发其兴趣。

从美团的相关消费数据可以看出，亲子品类的消费额增长的背后，是越来越多的家长更加关注消费品质，“爱孩子，就给孩子最好的”成了80后、90后年轻父母们的共识。与此同时，普遍具有高学历的父母也同样重视子女的教育。因此，少儿教育课程越发受到关注，除了以往家长普遍关注的外语、数学等K-12教育中涵盖的科目外，少儿编程、声乐、平衡车、儿童篮球、少儿体操等素质教育类课程也备受欢迎。据美团教育培训业务部提供的数据，截至2019年9月30日，过去的12个月，美团低龄段学习者数量增长迅猛，素养启蒙类访问量增幅高达349%。[本文所涉及案例和数据，部分摘录自《从数字生活到数字社会——美团年度观察2020》（中国发展出版社，2020年8月出版）。]

“音乐+”成为数字消费新风口

随着数字技术变革大浪潮的席卷，数字音乐产业不仅完成了对传统音乐行业的融合改造，更是建造了一个更加全面的数字化、平台化、生态化的新业态。

当前，我国文化产业和文化消费市场正在从数量的高速成长期逐渐迈上品质升级、融合发展的新台阶。酷狗音乐作为数字音乐行业的龙头企业，坚持将“文化+科技”作为数字音乐产业提质增量的新引擎，为数字音乐产业新一轮的变革带来新机遇和新活力。

酷狗携智能硬件亮相南京融交会

“直播+”助力音乐“云端”繁荣

受新冠肺炎疫情影响，“宅经济”异军突起，大众精神文化需求重心由线下转为线上，这得以让“互联网+文化”继续保持逆势上行的形势，线上文化消费支出仍高速增长。包含数字音乐、网络直播、短视频、网络文学在内的数字文化产业都在新形势下谋求新突破。

其中，以“音乐+直播”为例，在线下演出活动停摆之际，酷狗直播推出了包括“春日宅家音乐季”“TME live”在内的线上音乐会，在“云端”为大众带来另一种文化娱乐享受。相比于线下演唱会的运作，线上演唱会具备独特优势：借助直播技术优势，可以降低场地等运作成本；让歌手与歌迷产生实时互动；观众可不受时间、地点限制随时回看、多机位欣赏精彩花絮等。

与此同时，包括酷狗音乐在内的音乐产业从业者们，都敏锐捕捉到了新形势下音乐行业可借助新技术抓住新契机。随着疫情的常态化，“音乐+直播”的形式正在重塑演出行业的市场格局。除了借助技术优势助力线下演唱会搬上

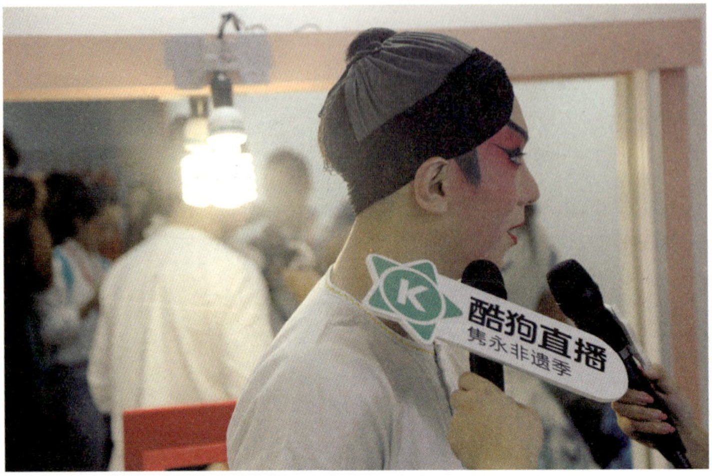

酷狗主播探访广东粤剧院

“云端”，酷狗还不断反哺行业核心内容产出者，创造“音乐就业新机会”，推动行业稳健、可持续的发展。

以酷狗音乐人与酷狗直播联合推出音乐人直播扶持计划——《星曜|看见计划》为例，该计划顺应了网络直播的浪潮，更切实解决了大部分音乐人的生存与职业发展问题。该计划中采取的“音乐+直播”的模式，能够让音乐人脱离场景限制，让音乐作品被更多人发现。以酷狗歌手童珺、红格格为例。作为职业歌手的童珺，线上直播收益甚至已取代从前的线下演出收益，并且还在稳步提升中；而像红格格这样以直播出道的歌手，“平台主播”的身份可以为他们带来更多高曝光和新粉丝，直播歌手的收入构成也更加多元，除了版权等传统收入，直播分成以及热度上升带来的商业收入能帮助音乐人更好地抵抗风险。当前，计划已经成功帮助不少音乐人实现了收入与成名理想的双赢。

“AI+”让数字音乐打开无限可能

当前数字音乐已成为音乐产业的核心组成部分，而如何找到产业的新增长曲线，是数字音乐产业的一项重要议题。业界人士指出，数字音乐时代，除了头部作品外，如何减少更多原创内容的沉睡现象，让长尾音乐内容的价值通过算法技术不断推送匹配的内容给需要的用户，是需要解决的一个难题。而人工智能的发展，为数字音乐行业带来了全新的视角和解决方案。

在“荐歌”领域，以酷狗最受用户欢迎的“每日推荐”功能为例，酷狗算法工程师表示：作为AI+音乐的核心应用场景之一，“一首歌里往往包括情感、曲风、声学特征三类信息，把这个信息汇总成信息库，我们就能‘读懂’用户的喜好，并为他们智能推荐歌单”；在“搜歌”领域，酷狗依托于自研的音频指纹技术方案，打造出专业音乐识别软件“浮浮雷达”，以及“听歌识曲”“哼歌识曲”“视频识曲”等功能。该技术方案十分鲁棒且检索速度很快，即使对于嘈杂的音频片段，也能在几十至百毫秒的时间内在海量的歌曲音频指纹库中匹配出正确的歌曲，在噪音干扰较小的环境下，酷狗“听歌识曲”的准确率高达95%以上。酷狗该项技术处于全球领先地位，于2020年国际音乐检索评测大赛（MIREX）中获得“音频指纹（Audio Fingerprinting）”项目世界冠军。

酷狗音乐宣传总监方圆表示，通过人工智能技术挖掘并推荐数字音乐长尾内容，可满足用户的不同音乐口味，开启“高度个性化定制”的音乐产业未来。未来产品还可通过“AI+”延伸到音乐创作领域，促进和音乐相关产业的进一步融合，打开科技音乐的无限可能。

音乐与硬件擦出火花，拓宽数字消费新场景

数字文化消费“既是硬消费，也是软投资”，数字音乐消费是消费升级的重要体现，也是文化领域新的经济增长点。人们在进行数字音乐消费的同时也能提升自我的音乐素养和文化品位。

中商产业研究院的数据显示，2020年我国数字音乐市场规模有望达到700亿元以上。数字音乐市场不断扩容，消费者对个性化、场景化、娱乐化的需求不断扩大，围绕数字音乐新场景，酷狗以曲库优势和智能算法技术，软硬结合推出了包括音箱、蓝牙耳机在内的一系列智能硬件产品。

俗话说“好马配好鞍”，除了拥有超过6000万曲库进行内容支撑，高品质的数字音乐搭载的高音质的硬件组合也极为关键。为此，酷狗推出包括酷狗M1、M3、M9等在内的超长续航蓝牙及降噪耳机，以及酷狗智能音箱，满足消费

者对音乐体验的更高品质要求。当数字音乐场景变得更贴心时，消费者对产品生态的依赖度也越高，在“软内容”和“硬产品”的共生环境中，酷狗在“听乐趣”里提升消费者对品牌的忠诚度，培育出他们对内容付费的意愿，这无疑让音乐消费新场景产生了更广阔的想象空间。

如今，中国数字音乐产业发展渐入佳境，依托内容、技术、信息、数据等新生产要素的支撑，酷狗不断探索“音乐+”产业新边界，新业态渐次铺开。在这个潜力无穷的产业，“AI+”或将成为文化经济数字转型升级的新动能。

（撰稿：叶丹　赵兵辉　姚翀）

第四章 新未来

第一节 数字经济机遇与挑战并存

■ 核心提示

目前，我国正在加快发展数字经济，数字经济是以数字化的知识和信息作为关键生产要素，通过数字技术与实体经济深度融合，不断提高数字化、网络化、智能化水平，加速重构经济发展与治理模式的新型经济形态。

随着新一代信息技术不断突破和广泛应用，互联网、大数据、人工智能等技术快速融入日常生活生产之中，与此同时，数字经济发展也面临不少问题和挑战，这主要体现在技术、要素、融合和管理等方面。

智能制造遭遇数字化“软肋”，工业软件如何破题？

“很多企业在遭遇经济下行压力时，往往首先砍的预算就是信息化投入，他们宁愿做自动化，也不愿构建自己数字化的‘心脏’和‘大脑’。”

2020年10月，第九届小蛮腰科技大会工业软件国产化高层论坛上，一位行业人士的演讲引发了其他参会人士的共鸣。

当前，我国正加快推动由制造大国向制造强国转变，作为智能制造的数字化支撑，工业软件对推动制造业转型升级、实现自主可控具有重要的战略意义。如何打造国产工业软件，成为此次产业界关注的焦点。

潜力：产业升级带动千亿市场需求

“很多人觉得工业软件有些偏门，但实际上，它涉及每个人的吃穿住行，比如建房子、造车是CAD软件设计出来的，手机离不开CAE软件设计、分析、制造，工业软件是我们生活中触目可及的工业数据的源头。”工信部电子五所软件与系统研究部战略研究室副主任卞孟春说。

在卞孟春看来，工业软件可以将存在大脑里面的诀窍、技能以及经验，形成一个个可以调用的工业App，能够提高产品价值、降低企业成本，提升企业核心竞争力，在产业链中发挥关键作用，工业软件还是制造强国和网络强国的关键支撑，关系到产业安全、网络安全。

工业软件尽管是一个小众产业，却是工业制造的大脑和神经，并已经形成了一个千亿市场的“蛋糕”。根据赛迪顾问的测算，我国工业软件市场规模由2016年的1247亿元增长至2018年的1678亿元，年复合增长率达到16%。如果2020年继续保持16%的复合增长率，则工业软件的市场规模将在2020年达到2258亿元。

在此次论坛的举办地广州，更是试图以工业软件为突破口，带动产业高端转型。

9月30日，广州市工信局印发《广州市加快打造工业软件产业生态城的行动计划（2020—2022年）》，其中提到，到2022年，广州力争建成“一城一中心”（工业软件产业生态城、国家工业软件适配验证中心），工业软件产业生态体系初步形成。

目前，广州拥有全球41个工业大类中的35个，是华南地区工业门类最齐全的城市，打造了汽车、智能装备等千亿级产业，集成电路、医药制造等百亿级产业，制造业结构升级优化和企业数字化转型带来旺盛的市场需求。

难点：投入大周期长让企业望而生畏

然而，掰开国内各大制造业平台的“内核”，可以发现，重要部件几乎都是外国生产，国内开发的多是其中的应用部分。

面向C端的娱乐类的平台软件，对的是十几亿人的市场，如果成为爆款，就能赚得盆满钵满。但做一款工业软件，则意味着需要坐长时间的“冷板凳”。

赛意信息智能制造事业部总经理李文贤就提到，工业软件研发周期比较长，技术壁垒比较高，回报比较慢，而软件企业多是轻资产运营，在资本市场也难以被看好。

智能制造离不开各类控制类软件的深度应用

更难的是，国外同类产品很成熟了，短期内难以超越，即使做出来，用户也不会选择。在一些核心软件领域，国产工业软件占比仍然偏低。

卞孟春引用的一组数据显示，全球CAD、CAM软件领域市场规模为86.6亿美元，而国内规模仅7.3亿美元；CAE市场更低，国内约占到国际的5%。

技术之外，也还有不少让企业烦心的事情。广州中望龙腾副总裁刘玉峰就关注到不少同行专家抱怨，工业软件是被盗版打败的，盗版导致国产工业软件没有生存和发展的基础，也得不到“营养”，即数据的反馈。

“因为大家可以用5块钱的盗版软件，或者在网上不用钱下载一个盗版软件。”在刘玉峰看来，一个原因还是国产工业软件品质不过关，功底不过硬，企业不愿意为此付费。

伴随着复杂的外部环境，工业软件领域频频遭遇“卡脖子”事件，工业软件国产化日益迫切。

破局：以工业软件云平台完善产业生态

随着智能制造模式的转变，行业也迫切需要更加灵活的工业软件，产业的变革也为工业软件带来了新的机遇。

李文贤说，过去制造模式是大批量生产，这种模式对企业来说生产难度并不大，整个C端市场需求的多样性以及制造技术本身的发展，这为制造端带来的不确定性是几何级数的增长，使得企业需要新的软件。

“技术在更新换代，内容也在不断变化，技术并非唯一的因素，相比之下，软件企业可以通过服务客户长期积累宝贵的经验，强化对工业场景的理解和对实用性的掌握。”李文贤说。

广州中望龙腾则选择了一条国际化参与的路径。“国外的版权环境比较好，那为什么不去欧洲赚钱呢？”刘玉峰说，截至目前公司在全球90多个国家有销售，同时在国际上提前布局并购，让公司的研发能力可以快速满足最新的市场需求。

硬件设备制造出身的华为，也加快了软件生态的布局，仅在华为，各种工业软件门类就有将近1000种。华为云产业发展与运营部总经理李鹏程倡议，共建工业软件云平台，数据可以在平台上共享，行业领域的Know-How可以沉淀下来，而不至于停留在机器上；有了共享平台，还可以解决跨学科人才难求的问题。

这有望为国产工业软件打造良好的应用生态。多位专家认为，我国有市场规模大、应用场景丰富的优势，虽然迭代中的稳定性有待提升，但只要有越来越多的人敢于第一个吃螃蟹，更多的工程师参与并丰富生态，它就能不断优化性能，走向成熟。

重塑制造业，工业互联网还需迈几道坎?

工业互联网发展日新月异，但不可忽视的是，我国工业互联网仍处于发展初期，标准架构还在探索之中，商业模式尚不成熟，技术、人才、安全等方面存在瓶颈和短板，推广应用的艰巨性和复杂性并存，需要保持耐心、稳中求进。

一问数据能否打通？
大多只是物体连接，打通“壁垒”耗时耗力

企业反映最多的痛点，首先是设备互联互通。树根互联品牌中心总经理骆凌雯说，可能一条产线涉及几十种不同的设备协议、不同的填表，要把它们连接起来并实现来自平台的控制，难度非常大。

由于语言不统一，平台企业花大量的时间和成本，只是完成了一个物体的连接、设备的连接以及保持相互通信。

其次是对工业数据的处理，即“时序数据”的处理，对于非常高频、量大的数据要进来的流程中，并做实时抉择，这一点比消费互联网要求高很多。

此外，则是应用的多样性。不同行业制造业的应用不一样，而且工业应用有一个特点，就是我们很多的Know-How，比如说老师傅，怎么加工某一个零部件，是积累了一辈子的经验，这是一种点状的知识，工业互联网要将其软件化变成一个小的App，而这样的App会成千上万。很多的Know-How，一个技巧、一

工业设备互联互通还存在诸多难题

个技能，可能是某一种设备的故障诊断的一个模型。

对一个平台企业来说，内部打通“壁垒”也耗时耗力。以美的为例，最多的时候，内部存在大量“烟囱式”系统，研发系统就有10多套，研产销几个核心领域对应的IT系统加起来超过100套。对此，美的用8年时间投入上百亿元打通信息孤岛。

其他制造企业也同样面临类似的问题：稍微大一些的制造业企业几乎都有几十套复杂的系统，而每个系统都有自己的数据采集、数据库、用户界面，有着不同的用户名和登录密码。

对工业企业来说，必须痛下决定，打通数据互联。而在5G时代，新一代网络将助力工业互联网全要素、全环节高效互联互通，并将加速人工智能、AR/VR等新兴前沿技术在工业领域的应用与探索，催生新产品、新模式和新业态，拓展工业互联网的发展空间。

中设智控总经理曹溪则建议，工业互联网存储、安全管理应该被纳入政府主导之下，或交给公允的第三方机构来进行运作，在垂直行业和集聚区系统性地推广本行业的工业互联网平台应用实践。

这是否意味着，这样的平台会使得地方政府或者部门重复建设各自为政？“如果连区域性平台都没有建立起来，又谈何打破信息孤岛？”曹溪说，只有建立了一个个区域平台之后，才能实现从更高层面将平台间的藩篱打通，实现更大范围的连接。

二问数字化如何补课？
成本仍是关键，转型意识相对缺失

TCL科技旗下工业互联网平台格创东智，是广东省领先的工业互联网企业平台。目前，中小企业在格创东智客户群中占比为两成，“如果在应用层不能为中小企业带来价值，很难说服中小企业在工业互联网投资”。

目前，在制造业中，尤其对于中小企业，推广工业互联网的最大障碍，并非来自技术或者财务压力，而是来自公司管理者和各级员工并没有对工业互联网创造的价值形成统一态度和认知，造成难以定量评估工业互联网创造的价值。

这意味着，管理者要先有正确的观念和坚定的信念，认为数字化是企业转型必经之路，工业互联网是有效手段，然后通过整体规划和分步实施计划来提升整体生产效率。如果各个项目是分散的，则没法统一在一起为制造企业创造可复制性的可以放大的价值。

目前来看，成本问题仍然是中小企业拥抱信息化、数字化时会去考量的重要问题。而与此同时，安全性也是不少企业的顾虑。

业内人士指出，数据泄露与网络攻击是所有企业要面对的风险，但是对于实力相对薄弱的中小企业而言，它们要面临的风险系数相对较高。

“在工业互联网应用方面，要关注AI、机器学习以及机器人带来的影响和改变。人和机器之间需要实现协同，但人机协同的网络安全问题同样值得重视，网络安全应当预防为先。”英国电信前首席技术官Peter Cochrane解析。

除此之外，中小企业面临的第三大问题，就是后期维护，它们需要找到专业人员来管理它们的IT应用程序。为此，中小企业应该寻找一个适合的数据中心提供商，其数据中心由具有云计算环境经验的专业IT人员管理。

如何持续给中小企业补好信息化、数字化的课？“工业互联网赋能制造，需要运营商企业、IT企业和制造企业本身协同，各自负责好自己的田地。”中国联通大数据首席科学家范济安介绍。

三问商业模式是否清晰？
投入大、回报期长，“自我造血”还有待时日

传统互联网应用门槛低，发展模式可复制性强，投资回收期短，容易获得社会资本的支持。工业互联网行业标准多、应用专业化，难以找到普适性的发展模式，制造企业在产业推进中发挥至关重要的作用。工业互联网资产专用性强，投资回报周期长，难以吸引社会资本投入。

尽管平台数量很多，但目前商业模式都还在摸索之中，真正实现盈利的平台企业并不多。2020年3月，海尔卡奥斯以9.5亿元的融资规模刷新了国内工业互联网行业A轮融资金额最高纪录。这也意味着，即便是包括海尔卡奥斯在内的头部平台，也仍处于大量融资阶段，自身“造血功能”机制并不完善。

对平台企业来说，目前投入与产出还难以匹配。以美的为例，2019年，美的集团投入在数字化上的预算约20亿元，从2012年至今，总投入已经超过100亿元。但从营收来看，美的旗下工业互联网平台美云智数2018年、2019年营收约为3.5亿、4亿元。

2019年工业富联营收超4000亿元，而其中2019年科技服务业务（含工业机器人及工业互联网相关服务）营收6.24亿元，同比增长10.08%，与总营收相比仍偏弱。

在平台建设上，目前还陷入粗放型增长的情况。黄烨华认为，当前很多工业互联网平台是先“盖房子”，再招揽生意，并非以客户实际需求为导向，盲目追求平台的大而全，精耕细作能力不足，只看到客户表象上的共性需求，却忽视垂直行业、区域集群的差异化与个性化诉求，没有从客户真实的应用场景出发。

王洪岭说，一些大的平台型企业，背靠大树，本身是靠规模和效率来盈利，庞大的生产线只需要提高一个点就可以带来很大的效益，但这种模式对外输出，外部是否有如此足够大体量的客户？而且，像广汽、比亚迪这种大型的制造业企业，其自身也越来越重视工业互联网，也未必愿意交给其他服务商。

行业也已经做好了“持久战”的准备，也显得更为理性。“工业互联网很难像消费互联网一样出现大家所希望的‘爆发’，如果说会出现局部小规模爆发，预计应该是先出现在新型制造领域。”金江说。

何军也坦言，制造企业孵化出的工业互联网平台，今天看得并不是非常清晰，但长远来看，工业互联网所带来的投资与效益，解决痛点的经验是不是可以适用于其他的外部制造业客户，它是不是适用于一批相当可观的市场，答案是肯定的是。

何军说，TCL内部制造业企业非常多，既有华星光电这样的高端制造业，也有TCL电子这样的零散型制造业，还有体量非常小的白色家电，以及体量更小的厨电。

对应用企业来说，应用工业互联网考虑的并非简单的成本收益。何军也谈到，华星光电产线的运作仍需要大量服务人员支撑，甚至还需要一些设备厂商的远程参与，但在疫情期间，很多外部服务商无法到场，而借助远程设备检测、数据在平台上共享，保证了工厂的正常运转。

有国内工业互联网第一股之称的工业富联，在股价冲高回落后，一直在发行价附近徘徊，这在某种程度上也折射出工业互联网发展的波折。李军旗对此回应称，外界的印象可能还停留在十年前，开拓工业互联网，向平台转型，从制造业转型服务业是长期的，还没有在营收、利润上体现，所以大家可能有点等不及。

“对中国制造业是不是有好处，能不能让更多中小企业受惠，如果是，我们也愿意去烧钱，提升制造业企业的生存和竞争力。”骆凌雯说。

AI和制造业如何才能擦出火花?

“在工业领域，虽然生产设备产生了海量数据，但实际上可作为样本的数据少；行业机理也不允许通过迭代来提升模型精度，比如在炼钢中稍有误判可能就留下一炉子废材。”在2020年7月20日举行的华为云TechWave技术峰会上，针对人工智能（AI）面临的痛点与挑战，华为云CTO张宇昕如是感慨。

制造业的AI市场份额只有5%

无独有偶，在上海举行的2020世界人工智能大会上，多位企业家不约而同提到，未来10年，AI将以前所未有的力度赋能传统制造业，但AI发展的不平衡现象尤为突出。SAP全球高级副总裁、中国区总经理李强援引赛迪顾问数据表示，互联网金融、安防、交通贡献了超过50%的AI市场份额，紧跟其后的是与消费者息息相关的消费电子、教育、医疗等，而制造业的AI市场份额只有5%。

作为制造业大省，广东AI核心产业规模约占全国1/3，AI核心产业及相关产业规模均居全国前列。如何让传统制造业更有AI？落地中还需要克服哪些困难？对此，广州大学党委常委、副校长，《“智能+”制造——企业赋能之路》作者孙延明，富士康工业互联网公司董事长李军旗，TCL旗下工业互联网公司格创东智董事长何军，深圳精锐视觉董事长孔庆杰以及广州人工智能促进会副秘书长蔡远尘等，就此话题展开头脑风暴。

现状
大企业已尝甜头，中小企认识缺失

南方日报：目前AI在制造业应用中还存在哪些不足？

孙延明：AI在制造业中，除了机器人、图像识别、故障诊断等单项应用外，在全面深化应用方面还处于初级阶段。从外部看，不同行业、不同区域都存在不均衡；从内部看，标准化、自动化程度不够，复合型人才短缺，资金投入不足等，直接影响了AI的深化应用。

何军：这种不均衡也体现在多个方面。地域上，就以我们客户分布看，长三角、珠三角、京津冀等占比达80%，这些区域的企业对AI的重视和投入远超其他地区。

从企业规模上看，大型制造企业已经从AI的使用中获利。两年前去和大型制造企业厂长聊新技术，他们对这些没有太大感觉，但今天再去谈，他们已经有了很多认识，还能反过来跟我们谈新技术，并大胆应用新技术；但大多数中小型制造企业，对AI的认识非常缺失。

孔庆杰：目前国内AI完整产业链已初步形成，但仍存在结构性问题，整体偏重于应用，终端应用丰富，技术商业化程度比肩欧美。但在基础研究方面，

智能制造的投入让大量中小企业望而却步

缺乏突破性、标志性的研究成果，基础理论和基础技术方面尚显薄弱，这也制约了AI系统产品化落地的效率与效果。

比如围绕计算机视觉诞生了不少AI公司，但扎堆做人脸识别、安防这些热门场景，工业应用偏少。手机生产中，对外观瑕疵是零容忍，以前还会采用抽检，现在良率要求越来越高，人脸识别准确率达到90%就很好用了，而工业至少要达到99%，甚至要小数点后面“4个9”才行。对每天产能在几十万份的工厂来说，稍有不准确就意味着有几百个瑕疵产品成为“漏网之鱼”。我们也呼吁，把技术真正应用到智能制造中来，而不是赶热点。

难点
投入大，而且难直接产生经济效益

南方日报：造成AI在制造业领域融合发展的痛点有哪些原因？

李军旗：制造业存在一个“试点困境”，即单点试用例的成功无法规模化推广，一方面，AI是泛指一类技术，结合具体应用场景技术路线差异很大，成功的要素也各有不同；另一方面，AI在制造领域的应用只能覆盖部分需求，仍有大量问题无法解决，无法形成系统化的整体解决方案，比如无法打通价值链闭环，在工厂运营层面（而不仅是车间现场）产生重大影响。

孙延明：智能制造具有“木桶效应”，不能有短板，需要全产业链的企业共同提升才能达到效果，因此需要投入大量资金。但中小企业又经常面临智能化改造资金不足的难题。此外，制造业的标准化程度不够也是非常严重的问题，标准化是自动化、智能化的基础，自从转变为买方市场以来，客户非标准化的要求给制造业的自动化带来很大的障碍。

孔庆杰：AI技术在制造业行业落地占比低是有多方面原因的，比如，相当一部分制造业信息化和自动化都未成功普及，更不要提智能化了；其次，制造业智能化改造对于生产工艺的契合度要求较高，并且系统研发与实施周期较长，不是单靠纯AI团队简单赋能就能轻易实现的，需要多方面的技术团队充分合作才能成功落地。

蔡远尘：从宏观角度，AI在技术、数据、成本、法规以至于道德准则等方面都存在着各种问题，同时，AI发展成熟度与当地的产业密切相关。广州社会经济以商贸为主导，本土高校和科研资源较北方城市缺乏，整体AI发展有所欠缺。

举措
加快AI产业集群应用，推动区域平衡发展

南方日报：如何来改变这种困局，推动AI与制造业深度融合?

何军：我认为最佳的一个方法，就是借助外部的力量，来帮助企业更快更有效地实现智能升级。为什么呢？首先，很多企业担心AI技术成本高、不实用，而且制造业企业难以培养和留住相关人才；其次，因为薪资和企业文化的原因，AI人才更愿意去互联网公司和新一代信息技术公司，可见制造企业自己培养人才的方式并不是最优选择。

此外，很多工业场景是基于经验判断，因果关系暂时不能够量化，都是存在人脑子里头。此时首先要把过去这些存在于人脑里的东西，变成一个模型并

逐渐定量化。从这个角度来说，AI在制造业应该重点做两件东西，先把信息模型化，然后定量化，把人的经验变成一个可传承的知识、可传承的模型。在诊断、预测、品质分析等方面深化工业智能应用，无疑会增强企业发展动力。

孔庆杰：工业链条很长，要找准突破点。比如，生产环节自动化程度已经很高了，几乎不需要人工，但品质检验和包装环节，工人盯一天下来眼睛受不了。我在一家油厂就看到，一桶油有20斤重，即便发现问题体力也跟不上，但这些是可以用计算机视觉查找出来的问题，企业能感受到实实在在的效果。

南方日报：前面提到，AI应用也存在区域不均衡现象，对此广东可以做哪些努力？

孔庆杰：广东是我国电子制造行业主要聚集区，在AI应用方面蕴藏着巨大的市场，要鼓励和大力支持广东的行业龙头和骨干企业尽快推动智能化改造。

何军：广东是国内AI技术落地的先锋，AI相关企业数量全国第一，雄厚的制造业根基加速了AI的应用。有技术有场景，AI的广泛应用，可以使得区域内产业间的差距逐渐缩小，整体产业平衡得到保障。

李军旗：以珠三角为例，政府决策灵活程度高，产业集聚明显，并形成了新一代移动通信、智能制造装备、新材料等产值超千亿元的产业集群，接下来应思考，AI如何能助力当地产业的整体转型升级以及在国际竞争力上的提升，产生深度的联动效应。

深圳率先开展地方数据立法，如何激活数据要素潜力？

深圳迎来数据经济新时代？7月，深圳市司法局公布《深圳经济特区数据条例（征求意见稿）》，首提数据权以及深港澳数据融通机制。

就在此前的4月，《关于构建更加完善的要素市场化配置体制机制的意见》发布，数据作为一种新型生产要素首次被写入其中，与土地、劳动力、资本、技术等其他生产要素并驾齐驱。

那么，该如何加快培育数据要素市场、激发数据要素潜力？

产业化须建立“数权观”

最近，美剧《上载新生》走红。它讲的是2033年，未来科技大行其道，其中最关键的突破技术就是可以将人的意识完整上传到虚拟世界的“数字永生”。面对这样的数字虚拟世界，人们不得不去思考如何保护每一个人的数字化权利与权益。

国内关于数据立法正在加速推进。7月3日，《数据安全法（草案）》面向社会公众征求意见，将“数据安全与发展”并重的理念写入法律。7月15日，《深圳经济特区数据条例（征求意见稿）》（下称“《条例》”）公开发布。

近年来，深圳对数字经济领域支持力度不断加大，先后发布了《深圳市数字经济产业扶持计划》《深圳市数字经济产业创新发展实施方案（征求意见稿）》《关于支持新业态新模式健康发展激活消费市场带动扩大就业的意见》等数字经济促进政策，以创新生产要素供给方式，培育壮大新动能，逐步成为带动粤港澳大湾区数字经济变革的关键力量。

清华大学经管学院副院长李纪珍对此表示，一方面，这体现了深圳作为经

产业数字化在千行百业中催生了新机遇

济特区勇于立法创新的精神，另一方面，也是发展数字经济的迫切需要。《条例》将给深圳、粤港澳大湾区，乃至全国的数据要素产业带来巨大的影响，其中也蕴含着巨大的机遇。

“数据不同于传统生产要素，具有损耗低、风险大、增值多、管理贵、增长快、垄断易、确权难等特性。”清华x-lab数权经济实验室主任钟宏对此表示，数据要素产业化发展，要建立“数权观”，数据立法应考虑数据安全保护与数据产业发展并重。

价格应遵从市场交易原则

如何进一步发掘要素的价值？多位业内人士不约而同将焦点关注在数据交易。

中国计算机学会区块链专委会委员高承实认为，还应进一步加强数据定价方式研究，他指出，《条例》专门规定了“建立数据价值评估体系”，即由专门的评估机构来对数据的价值进行评估，但按照边际效用价值论，“市场价格是在竞争条件下，买卖双方对物品的评价彼此均衡的结果”。

“商品价格是交易出来的，而不是按照其内在价值被指定的。数据作为生产要素尽管有其特殊性，比如其可无限复制，不具有使用上的排他性，但其价格生成仍应遵从市场交易原则确定。”高承实说，同一个数据，对不同人会具有不同价值，也会有不同的定价，第三方无论如何公正公平，也难以洞察所有这些约束条件，从而给出一个均衡价格。

而在钟宏看来，数据只有开放才能够产生价值，各方也要树立数据开放意识，就如同医院的医疗健康数据，如果能在保护病人隐私的前提下，对人工智能算法优化，将会对智能化医疗加速发展提供重要保障，缓解在中国面临的“看病难看病贵”的问题。

“在数据交易环节，需要建立新型数据基础设施，确保数据在上传、存储、流通过程当中，都在一个密闭的管道当中流动，避免数据的损失。”钟宏说，在数据保护方面，可以考虑借助科技力量的发展，以及建立相关应急体系。他建议，在此次《条例》当中，也应该加强相应数据一旦发生泄露等应急措施和相关机制体制的设计。

你的数据属于你吗？

在发展数据要素市场当中，还面临哪些难关？不得不思考的是，多方参与主体的博弈，让数据这一生产要素发挥并不容易。这其中涉及政府、数据科技企业、持有数据的相关机构，以及推动数据要素产业化的第三方服务机构等等。

例如，政府一方面非常希望推动数据流通来壮大数据市场，发展数字经济，另一方面不得不考虑数据泄露所带来的国家的安全风险，以及如何建立一个公开透明的市场监管的机制体制；对公众而言，一方面非常期待数据流动带来的各种便利，但同时更加关注的是个人隐私能否得到有效保护。

“在产业转型升级中，数据无疑是最为关键的生产要素，数据的共享及交换是“新基建”的底层基础，数字化转型及行业变革都基于此。但数据要素具有特殊属性，不能简单套用之前任何一种生产要素的激励和约束规则。因此，面对海量的数据，确权及有效监管成为当下亟须解决的问题。”深圳市信息服务业区块链协会副会长余维仁说。

而确权也被认为是最难的。钟宏举例说，医保数据到底属于谁？医保数据到底是属于患者还是为患者诊断的医生。是属于为医生提供了诊疗设备的医院信息科，还是属于投资的医院，又或者是属于卫生管理部门卫健委、医保局等等？可以看到，数据的生产要素在每一个流通加工环节都会有不同的主体，对数据进行处理、加工和服务，如何确权是一个非常难的问题。

对华东政法大学数据法律研究中心主任高富平来说，印象比较深的是，深圳在立法中提到数据权的分类，分别是：自然人对个人数据依法享有数据权；公共数据属于新型国有资产，其数据权归国家所有；要素市场主体也有数据权，任何组织和个人不得侵犯。

“《条例》把数据的财产权配置给三类主体，但三类数据是存在重合的，一个数据上很可能会并存三种权利，如何处理这三个数据权？如果这三个主体的权利又是同等地位，它必然会有冲突，整个次序就难以构建。”高富平说。

在他看来，出于保护隐私这个人格利益，个人数据保护制度不能开启数据要素市场的建设，“试想一下，个人数据像空气一样流动在整个社会当中，如果每个人对个人数据都有决定权，那企业、政府要使用个人数据时，要与每个人去谈判、征得同意，交易成本非常高”。

对此，他主张，数据资源应当按照经济规律创设和配置数据权利，遵循“谁生产，谁决定”原则，即谁生产数据谁就享有初始的权利，并可以开始数据的流通、社会化利用，“数据要不断地流动，和新的数据混合才有意义，混合之后数据的边界就模糊了，所有权在数据世界中也模糊，数据权最后很可能是基于事实控制而形成的控制权”。

（撰稿：郜小平　姚翀）

第二节 数字经济孕育新360行

■核心提示

新技术催生新职业，新岗位造就新人才。2020年3月，人社部等三部门遴选16个新职业，目前，已有网约配送员、人工智能训练师、互联网营销师、信息安全测试员等“新360行”涌现。

“六稳”“六保”，就业居首。互联网、人工智能、大数据催生的智能化、数字化、信息化工作模式，不仅拓宽了就业新空间，也有效应对了疫情冲击，促进了经济恢复和发展。

自动驾驶“放手”背后，人车如何互信?

向右变道加速、通过路口、加速向左变道、路口等待……下午5点后的南沙的马路上，晚高峰车流量逐渐增加，路况播报密集而来。坐在驾驶位的安全员陈灼浩目视前方，手虚握方向盘，淡定地关注着车辆周边复杂的路况。

从南沙金控大厦出发至万达广场一段十来分钟的路程，自动驾驶车辆和安

自动驾驶安全员

全员都平稳通过，其间安全员没有接管过一次车辆。

而就在一年前，陈灼浩刚成为安全员，第一次上车“如临大敌”，而如果是在两年前，那时候的他还不会想到自己会成为一名自动驾驶安全员。

自动驾驶安全员这个职业，随着自动驾驶行业的兴起而产生，但未来也将随着自动驾驶技术的成熟而被取代，对陈灼浩来说，他如何看待这种矛盾？

周边人眼里新奇的职业

早上8时多到岗，陈灼浩会拿到当天负责车辆的钥匙，围绕车看车况、车辆消毒、车辆内部检查、自动驾驶系统检查，这是陈灼浩每天都会做的工作，一切都检查好之后，才正常运行。

到小马智行之前，退伍军人陈灼浩做的是行政文秘。按照他的话说，这是一个强度很大的工作，有时候可能连续干到凌晨2时，然后第二天早上又要正常上班，感觉身体吃不消之后，陈灼浩选择换一份工作。

偶然的机会，陈灼浩看到一则小马智行的新闻，打开了他对一个全新的自动驾驶世界的认知，他成了一名安全员。入职之后，如何对亲友解释自己的工作成了他的难题。陈灼浩选择带上亲友去体验自动驾驶。“妻子看了觉得很新奇，车子还会自己加速、刹车，车开得比自己还要稳些。”

80多岁高龄的奶奶却始终无法理解，“我告诉她，无人驾驶就是不需要司机开车，车自己开，还给她看视频，结果奶奶说，‘这不就变成了鬼吗’，对老人来说，就是个神奇的事情在作怪”。

从如临大敌到淡然处之

虽然这份工作强度不如前一份那么高，但也并不轻松，他记得，2018年五六月第一次独立出车，天气热又紧张，一天下来满身大汗，“我总担心车会控制不住自己。”陈灼浩形容刚开始的感受。

“因为路况千变万化，很难预料下一秒会发生什么，也很难预测人家会做出什么样的反应，又不是自己在开车，如果自己开的话肯定会踏实很多。”陈灼浩说，刚开始和自动驾驶车辆的相处并没有那么愉快，反而总担心车会不受控制。

“刚开始遇到任何情况，我都会主动选择接管来避让危险。”陈灼浩说，一次车行驶到菜市场附近，菜市场人多交通也比较混乱，车辆的前后左右都有电动车，路况比较复杂，担心车辆不能应付，就直接接管了。后来再到这个地方，陈灼浩发现，其实不接管车辆也可以安全行驶过去，信任就这样慢慢建立起来了。

如今陈灼浩坐在车上，尽管仍然正襟危坐，但已是一派淡定从容的模样。“我们的系统也在不断进步，我也越来越相信我们的系统。”陈灼浩说。

信任不仅来自车和人的磨合，也来自车辆的不断优化。“以前车辆遇到障碍物，可能会选择急刹车去避开，现在系统更加巧妙，巡视后会通过更合理的方式处理，可以明显体会到现在急刹的频次比以前少很多。”

“半个测试工程师”

自动驾驶取消安全员、步入真正无人化阶段是一个美好愿景。到那时候，安全员何去何从？

“我处在一个技术非常领先的行业，我相信会得到更多提升，也能胜任其

安全员从如临大敌到淡然处之

他工作。”这是陈灼浩的答案。

除了负责路况监测、应对突发状况等工作，辅助工程师测试车辆也是陈灼浩日常的重要工作。“我们是车辆最直接的使用者，所以我们的感受也相当于乘客的感受，这过程中情况如何，我们负责与工程师沟通。”

在进行智能驾驶测试的过程中，他需要不断总结测试过程中自己所能察觉到的细微变化，凭借自己对车辆性能的熟悉，为工程师们提出切中要点的问题。

“以车辆变道为例，车辆加速是否平稳，变道是否流畅，这些都直接影响乘客的体验，以前车辆如果猛加速，乘客就会有被甩出去的感觉，或者停下来等后面没车了再变过去，这些问题都会记录下来反馈给工程师。”

“现在车就不会这样了，经过改良，如果说以前的车是一个新司机，变道比较急、比较硬，现在的车就是老司机，它会判断要不要变道、什么时候变、还有多长距离等。”陈灼浩说，在辅助工程师测试的过程中，自身也学到了很多测试方面的知识，也算是半个测试工程师了。

陈灼浩希望，能抓住机会往测试工程师方向转型。时代在变，就像赶马车的马夫变成了开汽车的司机，总会进化出新的职能需要这帮司机去操作。

AI“智商”不及6岁小孩，数据标注员教它们认知世界

在年轻人电脑前，图文、音频快速闪过。他们可能在为自动驾驶公司标注路上的红绿灯和行人，也可能是在为无人售货公司标注面包、巧克力，还可能是在为医疗肺部影像标注病毒数据。

这是云测数据公司办公室的日常一景。尽管阿尔法狗已经能在围棋上战胜人类，但主流AI的“智商”，还不如一位6岁小孩。于是标注员的工作，就像是“幼儿园老师”教会机器识别。

举例来说，想要教会机器识别“苹果”，在人看来很简单的一件事，但在机器看来，苹果的颜色、大小，甚至被咬掉了一口的苹果，都需要大量且精准的“苹果”AI数据进行训练，直到“教会”机器人识别各种不同的苹果。

外界认为的数据标注是一项劳动密集型产业不同，在云测数据总经理贾宇航看来，数据标注已经逐步走上技术密集型。

数据标注员要教会AI“认知世界”

像AI“幼儿教师”
数据激增催生百亿标注产业

人工智能的三驾马车是数据、算力、算法，其中数据是人工智能行业的发展基石，也是驱动AI向前快速飞奔的“燃料”。

海量的数据需要进行加工、提炼，于是采集标注需求涌向市场。据艾瑞咨询《2020年中国人工智能基础数据服务白皮书》预测：到2025年，AI基础数据服务市场规模将突破100亿元。

“在5G时代，数据不再是以线性增长来衡量，有人测算过，近两年的生产量是历史数据依赖度90%。这么庞大的数据，从采集、清洗到标注，都需要在短时间内高质量完成。”贾宇航说，数据标注得越准确，数量越多，模型效果越好，最后的AI产品效果就越好。

伴随着业务的扩张，云测数据已经为数百家企业提供AI数据服务，在华东、华北、华南设有数据交付中心和数据采集基地，为智能驾驶、智慧城市、智能家居、智慧金融等领域提供数据采集和数据标注服务。

数据标注有外包、众包和自建几种方式，在贾宇航看来，随着产品量产加速、算法模型日趋成熟，人工智能更重视的是技术迭代，专人专用，发挥自己的长处。

有场景理解
从标注到给出预测乃至建议

当下，AI数据呈现越来越复杂的特性。AI产品落地场景的复杂性导致数据场景需求的多元化，如光线强度、拍摄角度、噪声要求、室内室外等；同类数据也表现出样本多样性，仅就声音的数据，可能就包括年龄、性别、口音等差别。此外，针对同一应用目标的数据多维化，例如智能驾驶就可能同时需要摄像头、激光雷达、超声波雷达等不同传感器产生的数据。

显然，AI发展初期那种直接应用或者购买成品“数据集”的做法行不通，

数据标注正在向技术密集型转变

数据标注质量的差异，成为不同AI细分领域行业的短板。

贾宇航认为，通过提升场景化数据采集的能力，帮助客户还原落地场景所需要的AI数据，从源头保证AI数据的质量，才能更好地应用于AI产业化的深度落地。

以机器人听懂人说话的这一需求为例，NLP数据具复杂性，除了对意图、领域、槽位等进行判断和标注，多角度的泛化也必不可少，在这一过程中数据标注公司就要对需求进行拆解、预判甚至提前给出建议，这对AI数据服务商的专业性提出了很大挑战。

“伴随着AI产品逐渐从感知智能上升到认知智能层面，已有的物体识别、人物识别、行为识别，其背后的目的，不只是为了识别，而是基于特定规则进行处理或统计。”贾宇航说，云测数据具备针对人工智能应用中的特定场景规则的解析能力，完成对特定规则范本的知识图谱搭建，配合感知智能的数据处理能力，进而为产业赋能。

不只是靠人力
高学历才能应对专业知识

在很多人看来，数据标注更像是一种重复性工作，而在云测数据看来，数据标注涉及的领域包括教育、安防、金融、交通医疗和电商等等，每天都在挑战学习能力，以更深入了解自己标注的内容可以应用到的行业。

“很明显，一个熟练的司机对驾驶场景的理解，就好过一个没有驾照的人。”贾宇航说，在自动驾驶领域，存在一个长尾效应。可能AI模型已经覆盖了90%的场景，但剩下的10%的长尾场景须花费更多的精力去覆盖，才能应对突发情况，比如一个人穿着cosplay的服装在路上，TA也应该被算法识别为人。

围绕智能驾驶，要知道的情况远不止这些，比如标注员还要知道什么品牌、三厢还是两厢车等等，通过比对发现，有驾驶经验的标注员显然比没有驾照的精度要高很多。而在医学领域，也只有专业的医生才能看懂CT。

“有时候开玩笑说，任何成年人去卖保险都没有问题。但他们对保险行业知识的理解、知识图谱的构建，并没有那么深刻理解。再比如，一些医疗领域，甚至需要专科人才、研究生，才能真正懂AI数据背后的实际意义。标注员现在标注数据，未来可能向数据治理、数据解决方案设计等方向发展，或者走向管理岗位。”

盘中餐粒粒皆AI，“新农人”让种植告别看天吃饭

晒人造太阳，听音乐长大，农业智慧物联网……在富士康这个全球最大代工厂的龙华园区内，还隐藏着一个亚洲产量最高的“AI植物工厂”——富士康源康植物工厂，日产量达2.5吨。

在这里，农作物像工厂流水般高效，不同的是，产品不再是冷冰冰的无机物，而是一颗颗鲜活的生命体。

富士康为什么会“跨界”农业？“建立一个现代化种养业基地是多年的想法，我要让富士康员工吃上放心肉、蛋和蔬菜。”打造富士康智慧农业的构

富士康植物工厂

想，可追溯到2002年富士康创办人郭台铭的河源考察。

2020年中央一号文件指出，依托现有资源建设农业农村大数据中心，加快物联网、大数据、区块链、人工智能、5G、智慧气象等现代信息技术在农业领域的应用。新的技术，对“新农人”也提出了新的要求。

像车间流水线一样生产蔬菜

穿好防尘服，戴好头帽、鞋套，再进入风淋室，这是进入源康植物工厂的最后一道工序。“这可以起到杀菌、除尘的作用。我们在近乎零污染的环境下工作。”植物工厂技术人员王璐瑶介绍。

为了保证蔬菜的安全，参观者也只能隔着落地窗观看。植物生产车间都是在高标准的净化车间内，就连营养液也是可入口食品级，所产蔬菜自然无重金属污染、无农药残留等食品安全问题。

青菜、莴笋……市面上常见的蔬菜都能在这找到。数据显示，富士康源康植物工厂种植面积已超过2.3万平方米，栽培种类上百种。

与土耕不同，植物工厂采用营养液栽种培育。每种蔬菜所需的营养元素不同，营养液的成分和配比很重要。源康植物工厂的营养液中还会根据一定比例选择性添加草木灰、烟叶粉、蚵壳粉以及益生菌。

源康植物工厂每棵蔬菜从一粒种子开始，都会全程跟踪记录建立大数据库，包括生长排期，环境的温度、湿度，营养液的EC值、pH值、DO值等不同属性的参数。

自造“太阳”，对植物“健康体检”

植物生产需要光合作用，拿什么代替太阳光？这不得不提植物工厂的关键技术之一，即“人造太阳”。

源康自有研发适合植物生长的“人造太阳”，较一般常见LED光源可节能70%以上，不仅温度低，还可以依据不同植物生长提供光合作用所需适合光谱，拿掉不需要的光谱；车间经由精细的散热及风动规划，在一定的温度条件下可以不使用空调。

当然，这一切都是建立在掌握植物生长的原理配合科技应用基础上，才能打造自然有效率的种植环境。

“人造太阳”只是众多核心技术之一。借助导入微型气候、温湿度环控、植保、自动化控制、大数据记录与AI运用、微生物发酵液态肥灌溉、生长履历等，实现模组化，规模化，生产质量可预期的目标。

在种植区内，安装着数以百计的高清摄像头，它们24小时不停歇地智能监控，实时洞察着上百种蔬菜是否有异常发生。

比如，摄像头将发芽盘拍照后，对图片影像处理，进而撷取发芽形态轮廓、计算与定位处理，自动计算出发芽率和不良幼苗定位。智能化的机械手臂可以适时移除不良幼苗。

除了给植物做“健康体检”，这套系统还能对植物做“生长预测”，即辨识植物生长与关联数据，找出适宜可控制之组合模型。

“每天积累起来的数据量是非常庞大的，通过大数据分析技术得到每种蔬菜最适合的生长数值，再将这些数据反馈到种植过程中，良性循环以达到预测、预防蔬菜生长可能出现的不良因素。”王璐瑶说。

采摘后可直接入口

植物工厂种植的蔬菜已在供应富士康员工餐厅，也对一些零售连锁开放，定位为中高端。

为了让食客有更好的体验，在靠近餐厅的一侧，橱柜上摆放着五六个品种，都生长在一个小碟之中。

因为生长环境较为干净，这里的菜叶可以直接摘下来生吃，参观者会忍不住摘下几片叶子“尝鲜”。

笔者第一次看到了用于提炼芥末的叶子，摘了一片叶子试了下，有轻微的芥末辣味。用的是无土栽培，很多人以为味道不一定会有“菜味”，不过，品尝发现，似乎和常见栽培的蔬菜口味差别并不大。

在正式开餐之后，端上来的都是一盘蔬菜沙拉，这些大多是在这里出自富士康。目前来看，这些蔬菜基本销路不愁，本身富士康也有足够的市场体量。

可随摘随吃的植物

仅在富士康大陆的园区，平均每一天有100万个鸡蛋被端上餐桌，超过600头猪，3000只鸡鸭，500吨蔬菜、瓜果、根茎类被烹制成美味。

“掌握了关键的技术之后再规模化生产，未来成本也将进一步压缩，推广空间比较大。”王璐瑶说。

设想一下未来，新兴农业科技领域的技术与设施正在悄然改变传统的耕作方式，“面朝黄土背朝天”，老一代农民在田间劳作的苍老身形，或将成为历史的远影，更多新农人也将“到农村去，广阔天地大有可为”。

从“机器换人”到“操控机器”，一位富士康产线工人接受了智能制造

穿着蓝色文化衫的朱伟，夹杂在熙熙攘攘的富士康大军中，与普通技工看起来没有不同。只有内部人能察觉出一个细微的差别，蓝色衣服意味着吃的是“技术饭”。

中专毕业，17岁进入富士康，朱伟这一待就是14年，从用砂轮打磨的模具学员开始，跳到了技术部，进一步接触自动化技术，成功转型为一名熟练技术工人，2019年晋升为模具工程师。过去，朱伟只是富士康每台机器前面

都有一个站着的那位，现在，朱伟则隐身于机器之后，通过屏幕同时操控十几台机器。

机器换人的自动化浪潮中，有人离开，有人留了下来，朱伟成为留下来的一员。在朱伟身上，我们看到了曾经“机器换人”到“操控机器”的转变。

曾经忙碌在工厂层层流水线上的“打工人”，创造了中国持续高速增长的经济奇迹；而在当下，越来越多的简单劳动正被机器人替代，“用工荒”虽然几乎不再，但对口高级技工依然稀缺。新生代年轻人向往大城市和新兴行业，但普遍的初高中文化水平尚不足以支撑他们的行动，年轻人的第一份工作，宁可去送外卖、快递，也不愿意进入制造工厂。制造业如何吸引年轻人，年轻人如何在制造业中取得一技之长？

流水线上的“机器人”

2006年，当富士康人力专员来学校招学生时，朱伟第一次听到这个名字，不过是如雷贯耳的“康师傅”方便面倒过来念而已。

朱伟坐上了去富士康昆山基地培训的列车。6个月培训结束后，来自朱伟学校的40人硬是被逼退了23人。

超负荷的体能训练，严格的准军事化管理，一开始就表明，这份工作更多是对员工的体力有要求。

朱伟的工作是操作最原始的铣刀，这对于他一点都不陌生——学校实践最多的是用铣刀铣木头。

做模具，无论是搬运铁块还是操作机器，都需要力气。同时模具要做得和图纸的误差在2微米以内，这也会有考试，“如果没有之前的训练，是很难适应的。”朱伟说。

加入观澜的富士康工厂开启“打工人”生活，这里的天气马上给了他一个“下马威”，夏天太热，工厂又经常停电，热出一身痱子来。加工模具太烫的话，他就去洗手间冲冲凉水。

早期的富士康工厂的条件对工人考验不小，除了热，轰隆的机器声，一天下来，戴着口罩也能抹出一脸的铁屑。

富士康工人在操作机器

“制作模具要很细致，大家都不敢分心，200多人的车间没人跟你说话。但那时候年轻，满脑子都是花花绿绿的想法，而我的工作就是每天对着图纸把铁块加工成模具。”

朱伟想不到的是，三年后，各种问题叠加，“14连跳”让富士康被推到了舆论的风口浪尖。

教机器人来加工

朱伟打定主意离开，一年实习期结束，打包好行李，借着返校领毕业证提出离职。他都想好了，先从汽修开始，他的梦想是拥有一家自己的4S店。

就在这时，朱伟被主管喊了回来。2007年1月，第一代iPhone由苹果公司前首席执行官史蒂夫·乔布斯发布，这是一款划时代的产品。

以前的消费电子大多是塑料材质，所以生产机器也是以塑料为主。随着智能手机时代的到来，富士康已酝酿着转型。传导到朱伟这里，他们需要改变不同的工作方式。

iPhone用的是不锈钢金属边框，直接从一块铁疙瘩中“挖”出来的，而不像过去那样，只要做好一块模具，然后注入塑料，一冷一热成型即可。

最初接触数控刀具磨床，设备供应商只是教会基本的使用方法就走了，留下朱伟团队自己琢磨。

机床2种，砂轮有8种品牌，每种品牌有10多种粒度，每种粒度结合剂也分3种，还有机床参数设定有很多种，参数设定、砂轮匹配的组合，已经是千万级数量的方案了。

提升磨削速度，时间从6小时压缩到了20分钟，到可以批量生产，不断地试验，每次一有更好的效果，朱伟就备感振奋。

整个过程中，不再是亲自下场造模具，而是给机器编程，由机械手接手去做，变成了人指挥机器干活。

后来的加工，涉及光学，一束光能够按要求走出波浪线，水加工、纳米加工、激光加工、超声波加工，各种复杂的加工层层递进。朱伟自己也想不到，从一看到全英文就发怵，到后来看懂各种参数，熟练掌握机械制图和三角函数计算。

“每次智能手机迭代，就需要新学一些东西。”朱伟说，团队一般会讨论出多个解决方案，然后交给客户，一般研究周期会提前一年多。

如何不被机器人取代?

每年的生产旺季，大批年轻人提桶奔赴，组装完新一批手机，再提桶跑路。旺季而来，淡季而去，流水线上的人生，就装在一个桶中，如候鸟一般奔波往复。潮水般来又去的年轻人，甚至有了一个新名词，叫“提桶人”，随时准备提桶走人。

面对周期性缺工、人力成本攀升，富士康加快了自动化导入进程。根据计划，2014年装配100万台机械手臂，在5—10年内完成首批自动化的工厂。这件事情，后来被外界视为富士康数字化转型的前兆。

2015年5月，一组数据显示，在富士康昆山厂区，员工从最多时的11万人缩减至5万多人，但营业额仍在增加。

往后的发展，富士康则极力从传统制造、精密制造向智能制造转型。2018年，装载着富士康母公司鸿海精密体系内的通信网络设备、云服务设备及精密工具和工业机器人业务及相关资产的公司主体——富士康工业互联网（工业富联），A股“闪电过会”，上市流程只走了36天。

工业富联成为富士康转型升级的排头兵。年度报告显示，依托工业互联网平台内部推广提升管理效能，管理费用同比下降19.09%，实现“降本增效”。与此同时，工业富联2018年员工减少1.6万人，2019年更是大刀阔斧减少4.2万人至20.9万人，其中，生产人员从18.5万人减少至14.2万人，减少23%，行政人员从1.94万人减少至1.75万人，减少10%，而技术、财务等人员有所增加。

大量的工作岗位变成“操控机器人”

在制造业，普工易招、高级技工稀缺的局面存在已久。朱伟的幸运在于，他抓住了行业变迁与升级的机会。

“我不担心机器把人替代掉，机器主要代替人把重复性的工作做了，但是站在机器背后的始终是人，这个人的能力强不强，决定了这个机器强不强，决定了产品好不好。”

朱伟承认，随着科技的发展，机器越来越高端智能，但对人的要求也更高了，“以前的机器功能比较单一，但现在的机器越来越集成化，包含了光学、液压、气压、水压等不同系统，这些都是我后面慢慢学的”。

客户也会有更高的要求，比如，智能手机的接口越来越少，未来甚至是没有接口的，材料也多了金属陶瓷，这些都需要重新研究。

“机器会坏，而且要经常调各种参数。比如激光切割中，多少波长效果是最好的，这些需要人来研究。”朱伟说。

从模具学员，转正后成为模具作业员2、作业员3，再到模具工程师1、2、3、4、5级，随之而变的是工作环境，那时候朱伟只有绝对地服从，而现在，恒温恒湿的生产车间，非常干净清爽，每天开工前先头脑风暴，大家有说有笑商量着一天的安排。

制造业谁来接班?

进入工厂曾是一代人的梦想。曾经祖祖辈辈面朝黄土背朝天的农民，成为中国“制造工厂”时代的主力军。他们浩浩荡荡奔涌入城，进入各种铸造厂、纺织厂、装配流水线、建筑工地，人人以进厂当工人为荣，努力扮演着巨大工业机器中的无数“螺丝钉”，撑起了广东、江浙等省份制造业的半壁江山。

斗转星移，制造业吸引力不再，年轻劳动力大量涌向新兴服务业，尤其是快递和外卖行业。“玻璃大王”曹德旺曾炮轰：“当下年轻人宁愿去做物业保安，宁愿去送外卖，也不愿意去工厂了，这是目前国内制造业的困境，年轻人不能老是去送外卖！”

在工业富联技能教育事业部总经理李光辉看来，制造工厂成为枯燥乏味的流水线上的代名词，很大程度上是上一代人进厂的记忆。转变这种观念非常关键的一步是靠引导。工业富联设想，如果将“灯塔工厂”的样板设在小朋友经常去的科学馆、展馆等地，把智能制造工厂搬出来，让大家知道未来的制造业原来是各种先进技术的集成，与机器人互动交流，这有助于改善小朋友对制造业的印象。

这一点，朱伟也深表认同，他在日本进修时就发现，丰田会在一些4S店设置展示中心，告诉小朋友汽车是如何生产出来的。小孩子从小接受这样的熏陶，自然会对这些机械感兴趣，而实际上，丰田产线上并非全是博士，也有很多动手能力强的高中生、大专生。

工作之余，朱伟也努力提升自己的学历。富士康工业互联网学院可以提供各种技能培训，从初级到中级、高级不断提升，还包括从大专到博士研究生的学历提升，全额报销学费。朱伟抽空考了铣床中级证、电工证等技能证书，并通过了成人高考，现在已经是电子科技大学本科在读。

朱伟也看到，一同上课的同学，各种学历层次都有，他们都非常努力“考证”提升自己的学历和能力，“也有一些初中学历的在考”。

富士康产线工人在工作之余“充电”提升学历

“深圳非常渴望人才，而且真金白银补贴。”朱伟和妻儿住在83平方米的公租房中，租金仅需要1800元/月，而同一个小区的房价已经到了7.2万元/平方米。他正努力达到高层次人才要求，那时候他就可以申请安居房，以市场价的1/4入住。

（撰稿：郜小平 周中雨）

附录 大咖谈

中国工程院院士邬贺铨：工业互联网可成广东5G“新基建”引擎

中国工程院院士邬贺铨

疫情防控以来，5G发挥了什么作用？2020年5G建设发展将呈现哪些新特点？广东如何更好地实现5G“新基建”大发展？南方日报专访中国工程院院士、广东院士联合会创会会长邬贺铨，寻找答案。

疫情防控令5G赋能医疗“入门”

南方日报：疫情防控阻击战中，5G扮演了什么角色，跟此前有什么不同？

邬贺铨：5G应用在此次战役中初次走上战场，初露锋芒，像5G视频直播与视频监控，就是在此次疫情中，大家感受到的、看到的最为直观的应用。

此次战“疫”，武汉火神山和雷神山医院建设有24小时5G视频直播，深圳联通打造5G居家隔离监控管理系统，整合了5G、物联网和云平台等技术，可实现监控对象出门报警、图像实时回传，存储和分析，云呼叫等功能，这些都是例子。

尤其在助力“无接触”医疗上，5G可以应用于远程手术，也减少了医护的交叉感染的风险。一批5G智能机器人派上用场，在医院承担了问诊咨询、智能医护、测量体温、消毒清洁、送药送物和医疗废物处理等工作。这些场景，在以前并没有那么紧迫的需要。而这一次，5G可以说是在医疗行业“入了门”。

行业数字化应用将成5G时代主流

南方日报：从当前情况看，您如何看2020年5G产业发展前景？

邬贺铨：疫情给5G的发展带来挑战和困难，但也催生了很多需求，无论是从疫情阻击，还是从疫情之后的恢复经济发展来看，都急需以5G为代表的新一代信息技术提供服务。

目前，中国5G的发展还处于初期，5G应用多数还处于示范试验阶段，中国5G网络的连续覆盖才支持到大城市的室外重点区域。但2020年5G产业发展的脚步会更快，一方面，在疫情防控中，5G业务获得了超出预期的宣传效果，5G应用以刚需的形式提前预热，另一方面，促进经济的恢复发展，以5G为代表的新一代信息基础设施建设将会是重要选项。

从历史的经验来看，3G诞生时，人们并未预见到会有智能手机和移动电子商务及社交应用；4G时代，共享经济、扫码支付与短视频的火热也出乎意料；移动通信的新业态是网络与用户达到一定规模后催生的，因此5G时代一定会出现我们现在还想象不到的新应用，其更大的价值有待创新开发。

南方日报：2020年5G产业发展的重点和方向应该是什么？

邬贺铨：以5G等新一代信息基础设施为代表的“新基建”，不仅是一项庞大的建设工程，还是信息消费市场的建造，更是新兴产业的打造，体现我国经济发展转型的方向，成为拉动经济增长的新引擎。

从今后的发展重点来看，疫情期间5G的丰富应用只是初露锋芒，4K/8K超高清视频、VR/AR、智能网联车、智能物联网和工业互联网等都是会较快发展起来的板块，面向行业的各类数字化应用将在5G时代成为主流。

5G SA建网开启，但信号广覆盖需要更多成本

南方日报：在5G信号的覆盖上，现在不少用户感觉信号仍有不足，如何看未来5G覆盖的推进？

邬贺铨：坦白地讲，目前5G覆盖区域有限，即便2020年中国运营商能够完成55万个5G基站的建设，但与2019年底544万个4G基站相比，只达到了4G网络10%的水平。

2020年，5G信号的室内覆盖将会是重点。5G由于工作频率更高，电磁波穿墙能力更差，因此室内覆盖成本更高。5G室内深度覆盖，需要比较分布式基站与室分系统的优缺点，新一代的室分系统需要兼顾有源与无源，扩展物联网与定位功能，增加可视化运维等智能化能力。2020年2月，工信部同意联通、电信、广电三家企业共同使用3.3到3.4 GHz频段用于5G室内覆盖。公众移动通信频率资源同时许可给多家企业共同使用在我国尚属首次，这将促进资源盘活和优化利用，既节约投资又绿色节能。

南方日报：大家很关心SA组网模式何时大规模开启，真正的5G何时到来？

邬贺铨：只有SA才能较全面体现5G功能，尤其是5G+行业的应用。不过，在全球率先启动SA大规模建设也有探路的挑战，产品成熟性和稳定性都是考验。实际上，5G的商用并不意味着研发任务已全面完成，SA建设模式关键技术标准——5G的R16版本标准要到2020年6月出台，在功耗上，目前，5G单基站功耗已较最初下降了一半，但仍须进一步努力以降低运维成本。

工业互联网等可成为广东5G发展新动力

南方日报：广东2020年力争全年建设5G基站6万座，5G覆盖人口将超90%，这比原计划提速，如何看广东2020年的5G网络发展计划？

邬贺铨：广东拥有广州、深圳两个最先启动5G建设的城市，2020年预期比原计划提速，广东已有取得的成果会是很好的基础，但也要克服覆盖成本、共建共享、选址进场等问题。

南方日报：广东是经济大省，产业发展实力强，对于“5G+行业”的开拓，您有什么建议吗？

邬贺铨：行业应用，不仅关系到产业链上下游的协同开发，还涉及各个行业的管理和准入，个性化很强，需要大量定制性内容，但跨界合作与商业模式目前还不清晰。

广东由于多个行业发展底子较好，数字化基础好，行业对数字化发展的需求也迫切，在“5G+行业”的发展推进上，其实可以通过工业互联网等示范项目的引导，推进IT行业与垂直行业的紧密合作，调动垂直行业企业发挥主导作用的积极性。

与此同时，当前，在“5G+行业”的实际操作中，还要加大力度推进规格、品种丰富的5G行业模组及芯片研发，以应对各行业生产、制造、销售等多种多样的场景。

（撰稿：姚翀）

阿里巴巴副总裁刘松：
疫情“大考”下数字化从辅助变刚需

阿里巴巴副总裁刘松

数字化并不是一个单一技术，它其实体现在了云计算、数据智能、智联网和移动的协同上，这些基础技术在疫情防控工作的各个链路实现了大规模应用，例如数字化帮助企业防疫复工、全民在家办公上课、企业在云上复工，这也体现了数字化在社会治理中的重要作用。

以浙江为例，基于数字化可以帮助政府及企业快速上线各类应用快速应对突发情况，浙江省早在疫情之前就已经部署了政务中台及浙政钉，通过这些基础能力，浙江省短时间内就上线了多个防疫应用，大幅提升了疫情防控的效率。

在疫情这场“大考”之前，很多数字化的便利当时是辅助，今天则变成了刚需。同时，通过精准调度，不仅能解决疫情本身的物资应对，还能避免因为舆情而产生的恐慌性物资需求。所以整个疫情的发生，对社会产生了很大的压力，运用好数字技术理念，以及恰当地使用一种流转方式协调多个主体之间的配合，变成这次抗疫非常重要的最佳实践。

拥抱数字化是一个不可逆的趋势

受疫情影响，很多传统行业的业务被迫中断，但本身拥有较完整的数字化体系的互联网和科技企业基本保证了业务的正常运行，这有效缓解了疫情对经济带来的负面影响。另一方面，我们也可以看到传统行业本身也在拥抱数字化，这是一个不可逆的趋势，例如疫情期间，数百家零售商家在阿里云上快速搭建智慧门店等线上系统，帮助企业实现线上增长。

数字化是技术也是一套方法论，它本身没有边界，任何企业都可以引入这套方法论。毋庸置疑，未来几年，各个领域的企业都会加速数字化转型的进程。我们看到，零售领域不少企业专门成立了新零售事业部，并且在实际业务中产生了效益。

对企业而言，数字化不只是提升了抗风险能力，更大的价值在于其为业务创新提供了坚实的基础。在此之前很多企业对数字化转型依然持观望态度，但相信在疫情之后，这些企业都会充分认识到加速数字化是必然趋势，拥抱数字化的企业也拥有更广阔的发展空间。

特别需要说的是，疫情期间暴露出了不少行业的问题，但这也为整个产业生态指明了方向。零售、金融、政务传统企业和机构都可以享受到数字化的红利，与此同时，数字经济也会催生一系列的产业和应用生态，只专注传统商业模式的企业会被逐渐淘汰。

疫情之后拉动消费还要靠数字化模式

佛朗西斯•培根说过一句话，“一切幸运皆非没有烦恼，而一切厄运皆非没有希望”。我们可以从疫情的这次大演练里面看到很多可能对未来有价值的东西。

中国现在的经济拉动力中，大部分来自消费。疫情之后，怎么能够拉动消费？这次疫情中使用的很多数字化模式，也许会变成一种未来的模式。比如，很多商场、商家在疫情期间都采用了线上化的方法，缓解了线下门店关门的压力。很多餐馆也通过这种方式投递半成品，包括西贝、海底捞都通过这种方式，通过外卖的方式来缓解，这其实是一次超级模拟：当线下处于暂停，不能面对面吃饭的时候，怎么通过线上的方法继续进行数字营销。

很多品牌企业，包括像森马、红蜻蜓，在疫情中发现之前一直为了转型准备的组织升级、系统升级、运营升级的一系列数字化工具，这次确实派上了用场。

最后总结一下，我们希望这六个方面的数字化方式能够变成未来的资产：第一是在线。第二是城市的发展水平是靠数字化能力来定位的，数字化越好的城市，应对危机的能力越强。第三是企业如何把数字化变成一种重要的新型基础设施。第四是治理，尤其是基层治理，如何利用数字化提升治理水平。第五是数字化的身份，通过像杭州的健康码模式，在防疫过程中高效提升复工复产的效率。第六是供应链，数字化成为供应链应对黑天鹅的胜负手。

（撰稿：叶丹）

富士康工业互联网董事长李军旗：工业互联网是“老基建”走向高端的有力踏板

富士康工业互联网董事长李军旗

智能制造基础建设的水平，决定了中国制造业在新一轮技术红利的全球格局中，能否占据全球供应链更有利的位置。作为智能制造发展的“底座”，工业互联网是面向生产全环节中的人、机、物全互联的基础工程，提供的是共性的基础设施和能力，以促进产业链上下游的无缝对接、供需的高度匹配，实现生产制造提质增效降本减存为目的。

在“新基建”领域，工业互联网属于相当重要的组成部分，不仅是“老基建”由低端走向高端的有力踏板，同时也扮演着“新基建”底层基础设施的角色。它为大数据中心、5G、人工智能等提供“最佳跑道”，比如，在复杂多变的工业场景下，5G高连接速率和高可靠性可以更好保障工业数据实时性和安全、基于人工智能技术实现设备故障诊断及预测性维护等。立足现在看未来，数字经济时代将呈现“个体集成整体、整体催生个体”的发展态势，有望激发“新基建”价值的乘数效应。

工业互联网作为企业数字化转型以及产业数字化的关键推动力，已经从可选项变成了决胜未来的刚需。

全集成解决方案，是可直饮的“咖啡”

工业互联网的本质，是用“数据+模型”为企业提供服务。工业互联网的核心是工业互联网平台，承载了大量基于微服务架构的数字化模型。这里的数字化模型，指的是将大量工业技术原理、行业知识、基础工艺、模型工具等规则化、软件化、模块化，并封装为可重复使用的组件。可以说，工业数据、制造经验、场域验证是数字化模型不可或缺的构成要素，也是工业互联网平台的核心竞争力所在。

富士康工业互联网（简称“工业富联”）在制造领域拥有30年的专业积淀，是中国制造业发展壮大的见证者与亲历者，拥有在数量上同业难于匹敌的模具加工设备、精密制造工匠以及工业数据、应用场域和制造经验。目前，工业富联已把自己对制造行业的理解和一线生产的经验固化下来，加之以PaaS层的数字化模型，形成了“数据+模型”的服务，工程师便能以更低的成本、更高的效率，更具拓展性地开发工业App。

另外，对于历史上大量工业企业生产中有价值的工业知识经验未能沉淀下来的问题，工业富联积极发挥行业“带工”、品质变革的引领作用，基于Fii Cloud工业互联网平台自主研发12朵专业云，向制造企业提供了针对生产制造过程中的共性问题或专业领域核心问题的解决方案，解决企业发展过程中对于单一人才的依赖带来的制约，实现生产场域数字化监控、智能决策、无忧管理。

当前，工业富联的Fii Cloud工业互联网平台效能已得到实战的检验，以其深圳“柔性装配作业智能工厂”为例，生产线智能化升级后，提升效益2.5倍，并在2019年初成功入选达沃斯世界经济论坛“制造业灯塔工厂”，成为全球十六家工业4.0未来智慧工厂的一员。与市场其他竞品不同的是，工业富联既能为企业提供工厂需要的自动化、信息化、网络化等硬件，也提供基于Fii Cloud工业互联网平台等各种工业专业应用软件，面向工业制造场景提供全集成的解决方案。也就是说，工业富联提供的不仅是一个“杯子”或是一颗“咖啡豆”，而是一杯可以直接饮用的“咖啡”。

实际上，该平台应用领域不仅覆盖精密刀具制造、电子制造等传统行业，还延伸至轨道交通、装备制造、医疗器械等。

我们的工业互联网平台有“三硬”和“三软”，“三硬”指的是云、网和端，“三软”指的是工业大数据、工业人工智能和工业软件，以此形成“智能制造+工业互联网”的新生态。

从“依靠人的经验”转为“依靠数据的洞察”

智能制造的一大价值点，在于制造企业可以传承自身积淀的技术、知识、方法论，从以往“依靠人的经验”转变为“依靠数据的洞察”，以此应对柔性制造市场需求、老师傅辞职会带走企业核心竞争力等现实挑战。

这背后，离不开懂数据、精算法的“数据工匠”，来解决制造企业在转型发展过程中都会面临类似“我要的数据从哪里来”“拿到的数据要怎么用”等困惑。

人才是智能制造的关键，但就目前来看，既缺“对的人”，也缺“对的培育环境”。因此，急需完善人才培育生态链条，包括加强科技领域学科建设、建立以专家意见为主导的项目遴选机制、实施“企业全周期研发支持工程”、技能大赛等。

基于智造时代现实需求，培育激活数据价值、释放数据原力的“数据工匠”，是工业互联网发展进程中急需填补的一大缺口。在这个背景下，工业富联基于专业领域知识、数据积累以及不可缺少的场域验证等比较优势，通过建立“灯塔学院”、与高校共建机器人创新创业实践教学基地、举办“未来智造大讲堂”等举措，以教育培训和训练实习的方式，培养更多“数字工匠”，更好地服务于企业转型，培育既掌握专业领域知识又懂得工业大数据、工业人工智能和工业软件的复合型人才，做到传统和创新的人才培养和保留。

（撰稿：郜小平）

广州大学党委常委、副校长孙延明：“智能+”是产业数字化主渠道

广州大学党委常委、副校长孙延明

传统经济正在逐步被数字经济取代，数字经济的基本内涵是“产业数字化和数字化产业”，是制造业高质量发展的重要表现。那么，如何尽快转换动能、转换发展方式，实现高质量发展？如何尽快摆脱困境，从制造大国迈向制造强国？我们认为，“智能+”将是产业数字化主渠道。

“智能+”是国家战略落地的重要抓手

“智能+”赋能不仅仅局限在智能产品、智能工厂和智能供应链的智能制造层面，深度融合了互联网思维、大数据思维和人工智能思维，驱动制造业由经营产品转变为经营平台，经营供应链转型为经营生态系统的商业模式变革，是制造业由第二产业转变为与第三产业相融合的2.5产业或服务型制造的新动能，也是制造业正在逐步转变成软件企业和互联网企业的新产业形态，以及由工业经济向数字经济、智能经济过渡的主渠道。

产业数字化方面“智能+”赋能制造业的具体表现包括：

智能制造模式的推广。近几年来，智能制造模式呈现的新特点有：以物联网为支撑的制造物联，以泛在计算为基础的泛在制造，以信息物理系统连接为核心的工业4.0下的智能制造，“大数据+”驱动下的以云计算为使能技术的云

制造，“人工智能+”驱动下的大规模个性化定制、精准制造服务推送、制造流程优化控制、预测制造乃至主动制造等极大地推动了智能制造模式的发展。

智能制造装备的自主可控。智能制造装备的水平已成为当今衡量一个国家工业化水平的重要标志。首先，智能装备为全国制造企业实现智能制造转型提供了国产化解决方案，提供工作母机是国家实现工业自主可控的战略性新兴产业。其次，该产业正处于国际上传统装备业转型升级的发展关键期，是各国竞争的焦点。同时，工业4.0时代智能装备产业是一个市场巨大的产业。

工业软件“上云”。随着云计算的深入应用，云存储、云同步、云备份逐渐普及，软件行业“云化”之势悄然开启。近几年，移动互联网、社交网络、云计算等新技术深刻影响着工业软件领域，传统工业软件企业纷纷启动“云化”转型。未来，工业软件将从套装模式向云化模式转变，工业软件云服务将凭借成本和资源优势成为中小工业企业使用软件的主流模式。

“智能+”是制造产业变革的推动力

当前，制造业的智能互联网化正成为一种大趋势，并且对制造业在生产方式、商业模式、价值链和管理方式等方面产生巨大而深刻的影响。

在生产方式方面，互联网推动制造业大规模个性化定制，促使制造业数字化、网络化和智能化发展；在商业模式方面，互联网平台创新传统原材料采购方式，形成线上线下市场营销新模式，促进制造业服务化更普遍；在价值链方面，互联网优化制造业价值链结构，提升运行效率以及促进各环节融合发展；在管理方式方面，互联网更新传统制造企业管理理念，完善制造企业信息化管理系统，形成制造企业扁平化管理组织。

用数字智能化手段武装企业，拥抱工业4.0时代，提升企业国际竞争力。从制造企业内部着手，大幅度引进自动化和智能化装备，逐步朝着智能工厂、智能生产方向发展，转变管理理念和思维，在新的互联网思维下重构企业管理方法和体系。

全产业链深度融合，用智能化提升产业附加值。互联网和人工智能技术不仅仅是与某个工业门类融合，而是与所有工业门类融合；也不仅仅是只与工业企业某个环节的融合，而是与采购、设计、生产、销售、售后等全价值链条的融合，包括直接与所生产和经营的产品融合。要在总体上提升产品附加值、市场竞争能力，培育新的经济增长点。

促进制造业服务化转型，实现价值链攀升。制造业利用互联网、大数据和人工智能平台提高客户感知度，挖掘客户个性化的需求，提高消费黏性。进一步将互联网平台获取的消费者信息用于大数据智能化决策，以实现精准营销和个性化服务。同时，应用物联网、互联网、大数据和人工智能等技术实现在线、实时、远程和智能服务，创新服务模式，推动制造业企业向服务化转型，实现微笑曲线的价值链攀升。

利用互联网和人工智能技术创新制造业的商业模式。在销售模式方面，整合线上线下销售渠道，既贴近消费者又注重客户体验，挖掘客户需求；在生产模式方面，利用互联网技术，提供智能化、信息化产品；在经营管理模式方面，利用互联网技术提高管理效率，使组织结构扁平化，以灵活应对市场变化。同时，构筑生态系统的平台化运营，改变制造业竞争策略，逐步转型为平台化企业。

拥抱“智能+”制造，抓住新一轮产业革命机会，也将是中国制造走向中国智造的重要窗口期。

（撰稿：郜小平）

高通中国区董事长孟樸：
做产业升级助推器，5G已准备就绪

高通中国区董事长孟樸

无线通信技术大约每十年实现一次飞跃式演进，每一代都从根本上改变了世界连接、计算、沟通的方式。对于5G而言，2019年是非凡的一年，我们见证了全球5G商用开启的强劲势头；2020年，世界面临疫情的严峻挑战，连接技术的重要性日益凸显。在这样的大背景下，5G被定义为“新基建”领头羊，这项颠覆性通信技术被人们寄予厚望。

纵向看，5G将带动一条庞大的产业链。横向看，5G将融入千行百业：5G赋能交通，使智能网联汽车、自动驾驶成为现实；5G赋能城市，智慧城市应运而生；5G赋能工业互联网，实现工业经济智能化发展……从制造到医疗，从教育到娱乐，都将在未来受惠于5G。5G已做好充分准备，为社会发展提供进步的生产力，并将以此为更美好的生活服务。

网络、终端发展超预期

网络是5G发展的基础。如今，5G已成为有史以来部署速度最快的一代蜂窝网络技术。在中国，5G基站以每周新增1.5万个的速度增长，截至6月底，中国5G基站累计超过40万个。

无论是机场、公路还是移动网络，基础设施建设都可以保持适度超前原则。

疫情期间，居家隔离、远程办公和网课带来了网络需求激增、流量爆发，但中国的网络基础设施经受住了考验，可以说为“新基建”建设提供了很好的范例。

基站建设超过预期，而对消费者而言，体验5G对生活带来的最直接变化的“利器”是手机。中国手机品牌也进入全球其他地区5G商用终端第一阵营，在全球5G智能终端领域实现领航。我们预计，到2022年全球5G手机出货量将达到7.5亿部，2023年全球5G连接数预计将超过10亿，这比4G获得同样连接数的速度整整快了2年。

标准、技术支持“拓展”

相比此前几代主要面向人与人通信的移动通信技术，5G具有增强的移动宽带、超可靠低时延、广覆盖大连接的优势，也就是说，5G的影响力和应用范围更广，这也是支持其作为“新基建”领衔科技的重要因素。

过往，航空、铁路、桥梁、水利等传统基建贯通人与物的连接，为生产生活打下基础；而以5G为代表的“新基建”，则力图解决数据间的交互连接，为传统产业转型升级提供通道。也就是说，“新基建”自身不仅将产生巨大的经济效益，还将赋能“旧基建”，从而带来难以估量的叠加效应和乘数效应。

“欲筑室者，先治其基”，通信标准是5G向其他行业拓展的重中之重。2020年7月3日，国际标准化组织3GPP宣布新一版5G标准规范Rel-16冻结。Rel-16是行业共同努力的成果，它进一步增强5G技术基础，并将5G扩展至全新用例、频谱频段和垂直行业。也就是说，5G赋能更多行业所需的技术特性已在Rel-16规范中实现，这对整个移动产业和更广泛的生态系统具有重要的里程碑意义。

比如医疗健康领域，5G可支持构建一个更加灵活的健康医疗体系。有了5G的支持，人们可以通过成像或视频等方式与医院和医生保持实时连接，从而提升医疗体验。我们的目标是为占全球GDP近10%的健康医疗行业提供支持，持续扩大网络覆盖范围，改善体验并降低成本。

此外，根据IHS（信息处理服务有限公司）《5G经济》报告，制造业是移动产业领域之外受5G影响最大的行业。在现实生产中，如移动机械手、运输与物流领域中的自主行驶车辆、工业物联网、面向服务与维护技术人员的增强现实应用等，都会让今天的网络负载达到极限。在此大背景下，5G技术以前所未有的可靠性、极低时延和高速率，为工业环境中的开创性应用扫清了障碍。以工业生产所需要的高精度定位为例，Rel-16可满足室内3米和室外10米的初步5G定位精度要求。在Rel-17中，高精度室内定位功能将为工业物联网用例带来亚米级精度定位。

生态合作为发展之道

科技产业突飞猛进的驱动力，一在知识和技术创新，二在全球分工、协作和积累。移动通信行业本身就具有“互联互通”的全球化特性。现在，所有3GPP成员仍继续携手推进5G标准演进；与此同时，运营商、终端厂商、应用开发商和芯片厂商也一直保持紧密合作，全力拓展5G生态系统，推进5G领衔的“新基建”部署与演进，让新一代无线通信技术能够惠及更多人、更多产业和更多城市。

在5G直接影响的物联网领域，高通公司联合20余家领军企业共同发起了“5G物联网创新计划”，从终端形态、生态合作及数字化升级三个维度推动物联网产业创新共赢；在XR（VR、AR和MR的统称）领域，我们也正与包括头显、配件、智能手机和内容服务商在内的广大产业链合作伙伴共同构建XR生态系统，并借助新的生态合作模式，汇聚更多元化的行业经验、资源和人才；另外，在5G的推动下，移动PC将重新定义生产力，并有望成为实现全球远程教育的强有力解决方案，目前合作伙伴基于骁龙平台打造的5G PC也已经面市。

通信技术一直是生产工具，同时也是生产力。今天，在全行业的协同努力下，5G技术正成为产业转型升级助推器，“像电力和蒸汽机一样”，服务千行百业。

（撰稿：郜小平）

思科全球副总裁曹图强：工业数字化加快企业创新周期

思科全球副总裁曹图强

我们所了解的世界已经发生了很大的改变。新冠肺炎疫情的暴发使得各国政府采取了从封闭措施到旅行禁令、再到行动限制等严格规定，以遏制疫情扩散。这些规定已经改变了我们的生活、工作、学习和娱乐的方式。

随着疫情防控形势继续向好，中国已经逐步复工复产。在疫情期间中国企业在生产经营方式上的一些改变也许会成为未来的新常态。

不管怎样，有一件事是肯定的，中国企业，特别是工业制造企业，由此将加快数字化转型的进程。

工业数字化提升内部效率和对外服务能力

工业部门的技术采用被称为第四次工业革命（4IR），它由包含人与机器的智能互联生态系统构成，其基础是整个制造价值链中使用的五种新兴技术，包括物联网（IoT）、人工智能（AI）、3D打印、高级机器人和可穿戴设备，它们正在改变工业制造业格局。这些新兴技术不仅有助于提高制造商的效率和生产力，还可以通过实现预见性维护降低成本，通过更好的物流追踪方法降低管理开销，同时解决假冒产品问题。

众多国内外企业，特别是工业制造商正通过部署思科工业互联网及安全解决方案得以快速了解目前网络的整体情况以及导致网络异常流量的特定主机信息，确保工业互联网络的安全稳定性。同时通过网络行为分析，实现了对物联网、智能制造系统的安全监控能力，降低生产风险。稳定的工场网络环境，为企业提供良好的智能制造生产环境，从而提高生产效率。

工业互联网是从消费互联网引申出的概念，是指传统产业借力大数据、云计算、智能终端以及网络优势，提升内部效率和对外服务能力，是传统产业通过“互联网+”实现转型升级的重要路径之一。

目前，思科Webex协作平台也已经与工业互联网进行深度融合，产线视频监控，生产看板数据，遍布全球的工程师、合作伙伴甚至是客服软件机器人都通过新一代的思科协作平台实现互联，这不光提高了企业的工作效率，也改变了工作方式，客户在疫情时期依然保持相当高的开工率。

经过这次突发事件，我们预计远程办公产品和市场的发展将进入一个快速通道，企业也将更加清楚地认识到远程办公给公司业务发展带来的价值。

当然，新兴技术的普及尚需时日。然而可以确定的是，中国制造商肯定会增加工业互联网相关技术的采用，以加强其竞争优势，继续保持其作为全球企业的首选合作伙伴的地位。国内较大的制造商一旦加速采用这些技术，我们将会看到规模相对较小的制造商也会有进一步的驱动力去这样做，因为他们将面临来自客户的压力。

5G使多设备低延迟连接成为可能

另一个影响工业互联网相关技术采用的关键因素是底层连接性的改进。这也是5G服务将发挥关键作用的地方。

关于5G对消费者的影响，人们已经有很多讨论，包括5G的高速、低功率连接性和更高的响应能力等。所有这些都将为消费者的数字化体验带来更好的改变。在工业前沿领域，低延迟的特征也将被证明是改变游戏规则的关键。

在4G时代，许多“互联”工业概念的原型都未能在现实环境中发挥其潜力。其中一个最大的原因是，即使是轻微的延迟，也会抵消掉这些解决方案所能产生的真正影响。这正是5G可以发挥重要作用的领域。

5G网络可以实现高可靠低延迟通信（URLLC）要求的1毫秒延迟时间。举例来说，人的延迟——也就是一个人说话，另一方聆听，在大脑中记录语音并决定响应的这个过程的时间，大约是30到40毫秒。这种低延迟和统一的架构可以在以下关键方面提供帮助：

机器对机器（M2M）通信：作为数字化工业制造的一部分，企业一直在寻求尝试基于机器间连接概念的应用。然而，这些尝试要想成功，延迟需要很低，而且机器之间需要能够在不耗尽能量的情况下互相连接。大量的机器将接入网络，再加上已经存在且不断增加的个人设备，将会严重影响现有网络的性能。5G将使得M2M通信能够在具有近乎无限容量的网络中成为可能。

现有的网络只能证明这种可能性，但是无法承受许多设备同时保持高速、低延迟连接的负担。5G将使设备保持相互连接，以不需要人工干预的方式自主工作，从而帮助最大限度地利用工业物联网。

数据分析将产生新价值

5G将使机器在网络中的表现更好，从而创造更好的业务机会。卓越的可靠性和更低的延迟对于关键任务应用而言必不可少，而对于希望看到这些技术投资的回报的企业来说同样不可或缺。

随着企业开始看到回报，工业数字化的步伐将进一步加快，更多的机器将相互连接，并接入互联网。这些机器将产生海量的数据。这些数据不仅可以帮助企业在日常工作中做出更好的决策、提高效率和生产力，还可以推动快速创新。

随着各个部门对多层数据的访问，这一点将开始体现出来。再加上数据分析技术的进步，无论是在生产车间还是在客户端，企业将以更快的速度推出产品迭代，以更好的方式满足客户的需求。数据分析还有助于降低成本，因为公司将能够更好地预测任何问题，并在故障发生前及时处理，从而提高生产力和盈利能力。

这将有助于促进公司的业务发展，促使他们重新投资所在的行业，进而创造新的就业机会，对整体经济产生重大影响，创造出一个大多数经济体所希望的良性循环。

（撰稿：郜小平）

怡安全球合伙人、怡安翰威特华南区总经理邵宇：推动人力资源数字化 提升组织效率

怡安全球合伙人、怡安翰威特华南区总经理邵宇

全球经济增速放缓、疫情带来的负面影响余温犹在，部分企业甚至面临着裁员危机。如何调整政策，有效并快速应对危机，争取转危为安，成为诸多企业管理者的首要关注点。大多数企业将目光聚焦于提升公司人力资本的价值创造上。

如何在存量时代的大背景下，利用企业已有的资源提升组织效能，已成为大部分企业高层管理者和人力资源管理者的关注重点。最近怡安翰威特公司2020年发布的《人力资源数字化管理调研》结果表明，超过80%的人力资源管理者现阶段将“如何提高组织效能”“如何在资源有限的前提下降本增效”等话题列为企业当下发展的主要关注点。

HR困惑：员工工作积极性、主动性难以被调动

很多企业容易疏忽的是，仅仅靠企业管理者单方面来推动决策的落地或管理制度的执行是不够的。在组织运作的过程中，员工对于组织制度自下而上的主动自发性响应与积极配合，也在很大程度上决定了企业制度落地的有效性。

事实上，很多企业难以在制度化的管理和有效激发员工自主能动性之间做好平衡。从人力资源管理的角度来看，企业内部HR往往会遇到三个困局：一是

公司管理团队的管理水平与领导力有待提高；二是企业管理工具的功能仍然不够完善，导致信息不对称；三是当下员工普遍受到新媒体或具有算法推送的App所影响，不断固化员工的个人观点，对金字塔形的自上而下管理模式的接受度逐渐下降。

再加上当今互联网信息易得，导致员工诉求增加，诉求性质多变。种种因素叠加起来，员工越来越难被企业调动起工作积极性、主动性。HR所面临的困局本质是管理目标、管理对象和管理手段这三者的错位，而HR自身具有管控与服务的两个角色，而这两个角色存在着天然矛盾，没有办法很好地调停上述的错位现象。

对于HR的破局之道，我们认为首先需要的是理念上的突破，能够破解HR在组织内两个角色的矛盾。同时，新的理念还将赋予HR更高的视角促进组织内部协同合作并提升组织效能，创造全新的价值。

HR服务市场化，形成员工自主自发管理形式

ABC公司作为中国互联网行业的领军企业，拥有超过6万名员工，在实现降本增效进行中面临着艰巨的挑战。经过层层探索，找到行之有效的破局之道，从而打通实现组织效能提升的“快捷通道”。

在ABC公司人力资源理念发展轨迹中，最浓墨重彩的一笔是2010年ABC公司正式提出以专家中心（Center of Expertise，COE）、共享服务中心（Shared Service Center，SSC）和业务伙伴（HRBP）的人力资源三支柱模型，它提出人力资源管理应以客户价值作为导向的理念，迎合互联网时代发展的特征，为给组织管理带来颠覆性的思考与全新趋势。为了进一步推动HR服务与产品思维的融合，2014年ABC公司将共享服务中心（SSC）升级为共享交付中心（SDC），创造更贴近员工的管理模式。

ABC公司对于人力资源管理的探索并没有就此停住脚步，其中一个一直在思考的问题就是——人力资源管理是否只能是自上而下的固定模式？一种新的数字化HR管理新模式诞生：一方面，通过灵活好用的产品和系统推动企业内部流

程效率的提升，辅助管理决策，提升组织效能；另一方面，以用户为中心，打造好用、好玩、感动、成就的员工体验，激发员工的内驱力和创造力，助力企业形成一种长期发展的动力。在原本传统的管理驱动的基础上，增加以员工为驱动的引擎，能够从自下而上的角度改善企业管理问题，实现“双引擎”共同发力，发挥“1+1＞2”的效果。

深入来看，ABC公司是通过两个方面来实现将产品化思维渗透入HR管理中。第一步是力求满足在人力资源管理中不同类别服务对象的需求。打个比方，在HR管理中员工便是最庞大的一类用户群体，他们追求高效便捷的服务体验和实现自我发展的渠道，ABC公司能够提供一系列体验友好的员工自助服务，从而实现员工自我管理，在满足用户需求的同时，还带来超出员工心理预期的体验的设计。

第二步是通过信息技术手段，将HR服务数字化、产品化，形成可自选、可定制的智能化软件/系统向员工交付，不断升级迭代为极致的高质量人力资源管理服务。

平台化思维的背后需要强大的市场意识，具体对应到人力资源管理层面，就是将人力资源管理市场化，更确切地说是把HR的服务市场化。 这种市场化实质上是增强用户黏性，使人力资源管理不再是行政命令或必须要求，而是员工自主自发的管理形式。

HR数字化助企业最大化发挥管理价值

在这个看组织效能、重管理创新的时代背景下，人力资源模块正逐渐发展为支撑组织价值与目标实现的重要环节。作为当代人力资源数字化管理理念的主要推动者，在崭新的数字化人力资源管理模式下，市场上许多企业也和ABC公司一样，推出了一系列人力资源数字化工具。

一方面，从构建HR系统角度来看，HR数字化产品给企业提供技术层面的支持，帮助企业最大化发挥人力资源管理的价值。另一方面，运用产品化、平台化思维，以产品为媒介，从一个全新的人力资源管理的视角，将这套思维模式嵌入企业的人力管理当中。同时，企业在产品使用过程中，可以输出用户体验与反馈，从用户角度，让产品得到优化，使得产品进行闭环式的迭代升级。

总体来看，“双引擎”驱动模式以产品切入的方式，在企业层面，最大限度解决了当今人力资源管理困局带给HR的痛点，并帮助企业促进组织内部协同合作，进而释放组织能力和员工内驱力；在社会层面，这种全新视角的人力资源管理思维模式能够以产品为载体传播到社会上各个组织机构，使得各行各业共同构建健康蓬勃的生态氛围，有利于实现全社会的和谐共进。

（撰稿：郜小平）

西门子（中国）有限公司执行副总裁王海滨：工业企业数字化已到规模化阶段

西门子（中国）有限公司执行副总裁王海滨

2020年，注定会在漫长的工业发展史中烙上印记。

伴随着新冠肺炎疫情的突如其来，以及新一轮技术发展的汹涌浪潮，一场工业界的重大变革正在到来。数字化破冰开道，成为这场变革的重要引擎。

当前，中国正迅速从危机中恢复过来。这不仅得益于全国上下的有效应对，也得益于中国企业一直以来对数字化技术所持有的极大热情，以及开放、共融的胸怀。

在2020年举行的中国国际工业博览会上，我们看到了更多的行业杰出进展。西门子重点展出了与众多客户在离散、过程和混合工业领域的共创成果及转型实践。回首与客户合作的点点滴滴，这一个个鲜活的案例对我来说已经超出了技术、经济、商业的意义，它为我们带来巨大成就感的同时，也更加坚定了我们与客户共同迈向数字化未来的信心。

数字化认知从理解转为切实思考

携手西门子，完美（中国）有限公司通过数字化改造，显著提升了其华南生产基地数字化日化车间产品研发和车间的生产效率，大幅缩短了产品的上市时间并保障了产品质量，同时也进一步优化了车间运营和管理流程。某电器企业在进行数字化改造后生产效率提升了50%，其智能制造车间已经能够实现高度柔性的混线生产，基于同一产线生产超过10万种不同型谱连接器产品。巨大的生产灵活性帮助企业实现了疫后的快速复产，将市场变化带来的负面影响降至最低。

今天，一个个灯塔项目已经由点成线，由线成网，越来越多富有洞见的企业相继步入数字化转型的征程，中国工业企业的数字化转型已经全面进入“星火燎原”的规模化实施阶段。

在与客户交流的过程中，我能深切感受到中国企业对于数字化转型的认知已经从理解概念转为更加切实的思考：如何结合自身业务制定数字化战略与路线图并有效推进？如何以数字化解决方案打通关键价值链以实现降本增效？如何提升工厂运营透明度并挖掘出数据的价值？这样的思维转变，既是中国工业发展取得的巨大进步，也提出了当下中国工业须需解决的问题。

为此，我们不断拓展数字化企业平台，打出数字化转型的“组合拳”——为企业提供覆盖评估、咨询、集成实施到优化服务的端到端解决方案。以华兴玻璃为例，作为西门子在日用容器玻璃行业的全球首个数字化灯塔工厂项目，双方以华兴玻璃佛山总部基地数字化工厂为样板打造具有复制性及推广价值的灯塔工厂，以此推动其下属15家工厂的窑炉和产线逐步实现数字化改造、互联互通及生产制造信息化系统工程建设。

此外，西门子数字化企业解决方案的核心技术“数字化双胞胎”不断演进，通过涵盖产品设计、仿真、生产以及服务在内的完整价值链的数据闭环，使虚拟与现实世界之间无缝融合，以不同环节间的反馈推动持续优化，将生产力真正提升至前所未有的高度。在西门子与华润水泥的合作项目中，虚实结合的“数字化双胞胎”技术，实现了工厂运维数字化，生产管理标准化、流程化和移动化，以及现场数据透明化。

集生态之力培育数字化人才队伍

技术的进步需要依托人才的发展。西门子在与数百家工业企业合作的过程中观察到中国工业企业对于人才需求的变化。打造一支兼具数字化转型的先进意识、跨领域融合的知识体系、强大的技术实施能力与丰富的项目落地实践经验的数字化人才队伍，相信是众多工业企业正在面临的一大课题。

2020年西门子发布了《数字化时代工程教育白皮书》，对中国制造业关键岗位面临的数字化挑战进行系统分析，并在此基础上，提出了新的制造业人才能力框架。不仅如此，在已经连续举办14年的“西门子杯”中国智能制造挑战赛中，我欣喜地看到越来越多青春飞扬、能力全面的新型制造业人才脱颖而出。如果说，我们现在所做的这一切是为中国制造业播下了一粒粒种子，那么我相信，未来这些种子会在中国工业的每一个角落茁壮成长，结出累累硕果。

独木难成林，百川聚江海。中国工业的未来不仅需要杰出人才，更需要志同道合的合作伙伴。今天，西门子正以更开放、更多样、更务实的方式打造包含设备制造商和最终用户、数据采集开发者、系统集成商、应用开发者、渠道合作伙伴等在内的开放式生态圈，并期待与更多中国客户和合作伙伴进行价值共创，激发全新发展动能。

数字化提前预判潜在风险

通过携手客户和合作伙伴，西门子正在将工业5G、云技术、边缘计算和人工智能等前沿技术落地产业实践，为工业企业创造的效率和灵活性释放乘数效应。西门子基于机器学习和知识图谱的预测性维护系统SiePA就是西门子与客户价值共创的典型案例。它已成功应用于包括中国石化青岛炼油化工有限责任公司在内的多个客户工厂，为客户建立起了从智能预警到高级诊断的闭环机制，以保证生产的可靠性和安全性。

在过去的几个月中，所有中国工业界的同仁们守望相助，在与全国人民共同抗击疫情的同时，也面临着企业生死存亡的重大时刻，这激发了我们对于企业生命力和可持续发展话题的再一次深入而理性的思考。这样的思考也进一步证明：数字化转型是中国工业实现高质量发展的正确方向。

（撰稿：郜小平）

英特尔公司物联网事业部副总裁陈伟：智能边缘开启“数”“智”新时代

英特尔公司物联网事业部副总裁陈伟

2020年，这场持久的“科技战疫”中，远程会议、在线教育、智慧医疗、无接触智能零售等新业态加速部署和发展。智能应用的井喷式爆发，激荡起智能创新的又一波浪潮，我们也得以从中洞悉产业前行的新机遇和新方向。

未来七成数据将在边缘产生和处理

据IDC预测，2025年全球物联网连接数预计将增长至270亿，物联网设备数量将达到1000亿台，全球数据总量预计2025年将达到163ZB。而未来超过70%的数据和应用将在边缘产生和处理，边缘市场正在快速崛起，推动了边缘计算技术的发展。

所谓边缘，是指在靠近物与数据源头的网络边缘侧，融合网络、计算、存储、应用核心能力的开放平台。而智能边缘则是边缘计算的发展趋势，它以人工智能和其他形式的交互式计算下沉到边缘位置为主要特征。

与传统云解决方案相比，智能边缘能有效实现数据智能化的本地分析，可有效减小数据传输带宽和计算系统的延迟，提供超大网络连接，缓解云计算中心压力，保护数据安全与隐私。

智能边缘加速物联网演进过程

在英特尔看来，物联网将沿着从互联到智能，从智能到自主的轨迹演进。“互联”解决了数据的收集，“智能”实现了基于规则的数据处理，“自主”则将实现基于人工智能的自主化管理。同时，未来的物联网系统一定是边云协同的系统，云计算和边缘计算将成为支撑物联网发展的两大支柱。而智能边缘，加速了物联网的演进过程。

传统的物联网系统分为感知层、网络层、平台层和应用层。近年来，随着物联网数据量的急剧增加，以及行业数字化转型对敏捷连接、实时业务、数据优化、应用智能、安全与隐私保护等的诉求不断提升，在感知层与网络层之间增加边缘层的趋势愈发明显。

智能边缘是实现物联网边缘层的关键技术转折点。它让物联网在边缘具备数据采集、分析计算、通信以及最重要的智能功能，与云中心形成分布式的有机整体，实现负载的合理分配。

随着物理边缘设备的快速发展，作为物理世界反射的数字世界边缘也会随之崛起。

在使用智能边缘之前，大量的物联网数据只适合本地处理，并不会传送到云端，这意味着这些数据的“保鲜期”很短，一旦出现延误，就会“变质”，数据价值会呈现断崖式跌落。而智能边缘的速算则很好地解决了这个问题，它赋予了数据“生命力”，让数据在边云协同中展现出蓬勃的活力与价值。

此外，作为人工智能的最后一公里，智能边缘的崛起会提供巨大的潜在数据，而这些数据正是人工智能获得成功的必要因素，能更充分地发挥人工智能的作用。此外，智能边缘与垂直行业的结合，也将加速人工智能的实际落地与应用创新。由此，我们认为，智能边缘的崛起将为数字化、智能化发展注入强劲动力，从而开启“数”“智”时代。

智能边缘、AI和5G是数据价值关键技术

如今，物联网已成为世界经济和科技发展的战略制高点之一。预计到2025年，智能边缘总体市场规模将增长至650亿美元以上。在英特尔看来，智能边

缘、AI和5G，是真正实现数据价值的关键技术转折点。它们加速突破和融合，成为智能世界的新型基础设施，驱动各行各业新一轮的智能创新。

智能边缘还是“新基建”和数据时代的功能倍增器。一方面，智能设备的广泛使用，可以有效地优化存量市场，降低成本，提高效率，同时还可以扩大市场空间，创造增量市场。另一方面，对企业的业务部署也将带来变革性影响。它将企业的业务处理从云端集中式迁移到边缘，分布式的架构变革将大幅提升业务效率；智能边缘中的负载整合技术将实现资源配置从资源特享到资源共享的变革，从而降低企业的整体成本；而智能边缘中的软件定义功能，实现了应用的部署从未雨绸缪到随需而动，可针对客户自适应的需求，进行快速的响应和敏捷的部署。

从“十三五”规划到“新基建”，中国政府通过政策推动、行业标准制定和协调促进等方面，大力推动物联网相关技术发展和应用落地。如今，中国已在很多领域拥有了世界数一数二的市场规模，对未来技术的走向和需求具有主导作用。同时，中国有着举世瞩目的创新实力，从中国制造到中国创造，中国已成为全球智能创新中心之一。

面向未来广阔的市场机遇，英特尔在积极推动以数据为中心的自身转型的同时，凭借产品领导力、创新方案推动力、生态构建力“三力齐发”，将持续推动智能边缘、AI、5G关键技术转折点的融合创新，通过应用落地解决实际问题，帮助客户释放数据价值。如今，英特尔已经为智能边缘发展、企业数字化转型、中国产业数字化升级做好了充分准备。

（撰稿：郜小平）

SAP全球高级副总裁、中国区总经理李强：以数字化转型增强企业发展韧性

SAP全球高级副总裁、中国区总经理李强

中国以强有力的措施，迅速走出了新冠疫情的沼泽，生产和消费都在逐渐回暖。然而，疫情在全球蔓延的态势却并未减缓。产业界已经意识到，中国难以在全球疫情之下独善其身。

从全球供应链来看，疫情的局部冲击，极有可能造成国家间的共振叠加，进而对中国早已深度融入全球的供应链带来新的挑战。全球经济的恢复，取决于疫情最短板的国家，因此，中国必须做好打一场持久战的准备。

向新型供应链的转换势在必行

此次疫情期间，社会各界有许多关于高韧性社会、高韧性经济的讨论。万殊一辙，打造高韧性的数字化体系，同样将是未来企业发展的重中之重。显然，企业韧性不足的重要原因之一，是传统数字化建设过于偏向对下游消费者的柔性，而缺乏对上游供应的韧性。

在日益动荡的大环境下，以疫情为代表的各种不确定性、易变性将成为新常态，中国企业的进口供应链也将面临严峻挑战。从传统供应链向新型供应链的转换，已经势在必行。而实现这种转换的手段之一，就是高韧性的数字化体系。

疫情犹如镜子，照亮了一批线上发力的新兴企业。不难看出，加快系统向更具灵活性的云端迁移，已成为企业转型的当务之急。事实上，企业级云应用的优势，就在于随时随地的按需访问、快速灵活的部署和扩展、以及无缝连接的低接触商业模式。这次疫情恰好就是对企业级云应用能力的一次检验。

据统计，2018年发达国家500—1000人规模的企业中，平均企业云应用数量达到151个；而千人以上规模的企业中，这一数字已达到203个。而同体量的中国企业，明显存在着不小的差距，这对中国企业加强灵活性带来了挑战。

数字化转型是高质量发展的现实需求

面对新的习惯和模式，如何打造基于数字技术的信任机制，大幅拓展商业协作的广度和深度，如何打造一体化的卓越用户体验，创造新的商业价值，将是未来商业逻辑的关键。究其根本，这都离不开数字化后台和体验管理的支持。

因势而谋，因势而进，充分把握数字化浪潮的新机遇和新要求，加快韧性、灵活、具有卓越体验的数字化建设，已成为当下中国企业高质量发展的现实需求。纵观技术发展趋势，结合领先企业的实践做法，我们不难看出，以人工智能为支点，提高流程自动化和数据处理自动化水平、减少人为参与和干预、提高数字化建设韧性，已经成为领先企业的普遍选择。

国外预测，到2022年，将有85%的大型组织，将部署机器人流程自动化技术，并配合一体化体验管理，打通运营数据和体验数据之间的鸿沟，让企业能够实时倾听和理解用户需求，并将这些需求实时反馈到日常运营中，驱动企业实现敏捷创新。

作为全球最大的企业级应用软件供应商和领先云公司，SAP正是紧扣技术和产业发展的最新趋势，打造了端到端的全云解决方案，将AI等新兴技术运用到生产制造和经营管理领域，并提供一体化的卓越体验管理，赋能数字经济时代的中国企业。

“新基建”将打造韧性的智慧企业

毫无疑问，中国已经成为世界疫情中最安全的地方之一，这为中国企业加速转型发展提供了难得的窗口期。在此背景下，中国政府启动了具有科技内涵的“新基建”，也是数字化的基础设施。

短期看，“新基建”将有助于稳定投资、扩大内需和增加就业，是应对疫情冲击、复苏经济的有效手段。长远看，“新基建”则是数字经济的关键支撑，有助于驱动数字技术与实体经济的深度融合，是推动中国经济高质量发展的核心引擎。中国目前已经是全球数字化进程发展最快的国家之一，“新基建”有望为中国引领全球数字经济发展赢得先机。

借着“新基建”的东风，企业唯有加快打造灵活、韧性的智慧企业，方能立于不败之地。而这一切，都离不开数字技术的赋能。

作为“新基建”的重要内容，工业互联网备受关注。毫无疑问，过去的10年中国的消费互联网取得了辉煌的成就。如今，中国占据了全球电商在线零售总额的一半，而中国的移动支付率高居全球第一。但是我们也看到随着流量红利逐渐地消失，消费互联网开始转移到互联网的下半场，这就是我们讲的工业互联网。

不过，工业互联网还处于初级阶段，只能称为工业物联网，通过IoT的技术把物料、设备、产品的数据收集上来做分析，并没有真正地做到端到端集成和业务创新。

工业互联网的建设是一个长期的过程，它需要有一个庞大的生态体系来共同完成，没有一家企业能够独立完成工业互联网的建设。而SAP建设的路径，就是希望能够与基础设施供应商、行业头部企业联合创新，把他们的行业经验赋能到各个行业的客户。

因此，工业互联网的建设不可能像消费互联网那样，出现赢家通吃、一家独大的局面。工业互联网有非常明显的行业特性，我们相信，工业互联网建设一定是基于行业来进行建设的，而且一定会出现各个行业生态共赢的局面。

（撰稿：郜小平）